CW01334410

TÊTE HAUTE

MATHIEU BASTAREAUD
avec Arnaud Ramsay

TÊTE HAUTE

Robert Laffont

© Éditions Robert Laffont, S.A., Paris, 2015
ISBN 978-2-221-15791-6

À mes parents ainsi qu'à ma sœur et mes frères
Mathieu Bastareaud

À Grégory, mon frère, l'unique
Arnaud Ramsay

Préface de Jonny Wilkinson[1]

Quand Mathieu Bastareaud est arrivé à Toulon, en 2011, je ne savais pas ce qu'il fallait attendre de lui. Je l'avais rencontré deux ou trois fois sur le terrain mais il figurait alors dans l'équipe adverse. Lors de notre dernière confrontation, à Paris, j'avais tenté un plaquage sur lui, à la suite duquel, pendant deux semaines, je n'avais pas très bien dormi !
J'avais entendu beaucoup d'histoires à son propos. Il semblait être quelqu'un d'unique et, bien sûr, de très doué. Mais, pour un Anglais, il constituait un vrai mystère... Trois saisons à ses côtés et quatre ans plus tard, je me considère comme un privilégié, car Mathieu est devenu un ami.

---

1. Jonathan Peter Wilkinson, dit Jonny Wilkinson, 36 ans, a été le demi d'ouverture du Rugby Club Toulonnais (RCT) entre 2009 et 2014. Champion du monde en 2003 et auteur du drop victorieux durant les prolongations lors de la finale, il a marqué 1 246 points en 91 sélections avec l'Angleterre et 6 avec les Lions britanniques et irlandais. Avec Toulon, dont il est désormais l'entraîneur des demis d'ouverture et des buteurs, il a remporté le championnat de France et deux fois la Coupe d'Europe.

Pendant la semaine, il ne parle pas beaucoup. Mais ce qu'il a à dire est crucial pour l'équipe. Il a beau adopter un comportement tranquille, je devine déjà en lui les signes d'une intensité féroce, d'une fierté impressionnante et d'un talent naturel, que très peu de monde possède. Les jours de match, lorsque retentit le premier coup de sifflet, Mathieu se transforme en une force surhumaine, une puissance capable de surmotiver tous ses coéquipiers. Et un horrible cauchemar pour ceux qui se retrouvent face à lui ! Le résultat est important pour lui et ça se voit... Il n'est pas normal aujourd'hui que, dans le rugby professionnel, il puisse encore exister un joueur capable de dominer un match à lui tout seul. C'est pourtant son cas.

Durant ma carrière, chaque jour j'ai essayé de m'améliorer. Je tapais et passais des ballons jusqu'à plus soif. Je réfléchissais aussi beaucoup. Mais, de temps en temps, la meilleure façon d'aller un peu plus loin était simplement d'observer Basta en action. Je me souviens de nombreuses séances vidéo durant lesquelles je décidais de rester plus longtemps afin de revoir encore une ou deux fois ses courses, ses *offloads*[1] ou ses plaquages incroyables.

En dehors du terrain, Mathieu dégage quelque chose de très spécial. L'homme ne cache rien. Il est toujours lui-même, honnête. C'est une source d'inspiration pour moi. Comme on dit en anglais, « *he wears one's heart on one's sleeve* », ce qui signifie

---

1. Passes dans le dos.

littéralement : « Il porte son cœur sur sa manche. » En français, il a le cœur sur la main.

Basta est encore jeune. Je reste convaincu que le meilleur reste à venir pour lui malgré tout ce qu'il a déjà accompli. Cette conviction est la preuve du profond respect que je lui porte. Je suis honoré de le connaître, d'avoir joué à ses côtés. Une dernière certitude : je suis plus heureux de l'avoir eu comme coéquipier que comme adversaire ! Et ma santé s'en porte mieux...

Merci pour tout, Basta.

J.W.

1

Un Oscar au goût amer

J'ai longtemps eu de moi une image hypernégative. Je travaille à la changer, à me détacher des choses, à faire en sorte que les cogitations et les incertitudes envahissent moins mon quotidien. Encore aujourd'hui, je me sens constamment attendu au tournant. Sans doute y a-t-il un peu de paranoïa mais c'est un fait. J'ai toujours été en décalage, surclassé dans les catégories jeunes, paraissant plus âgé, ce qui ne m'a pas forcément rendu davantage mature. Pour me protéger, je me suis bâti une carapace ; elle induit une distance naturelle avec les autres et peut donner l'impression que je suis renfrogné. J'ai du mal à me persuader que les gens puissent se montrer bienveillants avec moi. Cela ne me semble pas naturel. Je n'ai pas – encore – totalement évacué la peur de l'échec, qui me tenaille depuis tout petit. Les coups, j'ai l'habitude d'en prendre, au propre comme au figuré. Je m'y suis fait, tellement je me sens jugé en permanence. Atypique, je le suis, assurément.

Pourtant, en cette soirée du mardi 18 novembre 2014 qui suit une courte victoire au Stade de France avec les Bleus contre l'Australie et précède la réception, dans cette même enceinte, de l'Argentine, me retrouver sous le feu des projecteurs est agréable. Même si je n'ai jamais été très avide de compliments, pour une fois je ne boude pas mon plaisir. À l'occasion de la 61e cérémonie des Oscars Midi Olympique, dans le cadre du Pavillon Gabriel, à deux pas des Champs-Élysées, je suis récompensé d'un Oscar d'or. Les lecteurs de ce magazine de référence m'ont désigné comme le meilleur joueur évoluant dans le championnat de France. Ce trophée récompense notamment le doublé réussi avec le Rugby Club Toulonnais (RCT), vainqueur du Top 14 et de la Coupe d'Europe. Je succède à Wesley Fofana, de Clermont, et devance sur le podium national Brice Dulin, du Castres Olympique – aujourd'hui au Racing-Métro –, et François Trinh-Duc, de Montpellier. Mon coéquipier argentin au RCT, Juan Martín Fernández Lobbe, reçoit, lui, l'Oscar mondial, et Matt Giteau, également sur la Rade, l'Oscar européen. À notre moisson « toulonnaise » viennent s'ajouter Bernard Laporte et ses adjoints, Jacques Delmas et Pierre Mignoni[1], qui obtiennent le trophée du meilleur staff.

---

1. Cette soirée a, en outre, récompensé pour la première fois une femme, Safi N'Diaye, numéro 8 du XV de France, élue meilleure joueuse française à la lueur de sa prestation durant la Coupe du monde organisée l'été précédent à Paris.

Et pour moi qui joue centre, cette soirée a une dimension particulière puisqu'elle réunit de nombreux joueurs de légende ayant occupé ce poste, de Jeremy Guscott à Mike Gibson en passant par Tim Horan, Jean Trillo, Jo Maso, Didier Codorniou, Philippe Sella, Yannick Jauzion, Jean Gachassin ou encore André Boniface. Philippe Saint-André, le sélectionneur du XV de France, est également présent, de même que notre capitaine, Thierry Dusautoir.

Outre la famille de l'ovalie ainsi réunie, de nombreuses personnalités sont là, comme Thierry Braillard, secrétaire d'État aux Sports, Kad Merad, Michaël Youn, Michèle Laroque, Karine Lemarchand ou encore Miss France 2013. Le Premier ministre, Manuel Valls, est accompagné de son fils Joachim. Ils sont tous deux amateurs de rugby. C'est d'ailleurs l'ancien maire d'Évry, dans l'Essonne, mon département même si je suis né dans le Val-de-Marne, qui me décore et me remet mon trophée. Je porte un costume et une cravate noire. Le présentateur de la cérémonie me demande à quel poste je verrais jouer le Premier ministre, à qui nous avions offert la semaine précédente le maillot de l'équipe de France. « Je n'ai pas trop envie d'avoir de problèmes mais je dirais demi de mêlée... », ai-je marmonné en guise de réponse au micro, puis j'ai remercié tout le monde et chambré Giteau avant de lâcher : « Je ne suis pas très bavard. Ça me touche. Je sais d'où je viens et d'où je reviens. »

Sur l'estrade, je ne peux pas m'empêcher de penser que la moitié de la salle au moins m'avait cloué au pilori cinq ans et demi plus tôt à la suite de la tournée des Bleus en Nouvelle-Zélande. Après cette polémique planétaire, la plupart me pensaient perdu pour le rugby. Et là, me voilà récompensé pour ma saison. Étrange sensation. Je suis évidemment content de recevoir l'Oscar d'or mais je n'exprime pas de joie particulière. Autrefois, j'aurais davantage extériorisé. Je ne suis pas d'un naturel blasé, au contraire, j'étais d'ailleurs le premier à célébrer la victoire au champagne, lorsqu'on a soulevé le Bouclier de Brennus avec Toulon. Simplement, je n'oublie pas. Je ne peux pas faire abstraction du passé. Toute cette haine que j'ai provoquée et que j'ai eue en moi. Peut-être cette rage s'est-elle transformée en force sur le terrain mais elle restera toujours là.

A-t-on été injuste avec moi ? Je connais la règle médiatique des trois L : on lèche, on lâche, on lynche ! J'ai très tôt été propulsé sur le devant de la scène puis soudain rejeté. D'accord, j'ai commis une erreur, j'ai menti en prétendant que j'avais été agressé dans la nuit en pleine rue par des Néo-Zélandais... alors qu'en réalité je m'étais cogné tout seul après avoir trop bu ! Mais, si j'assume toutes les périodes de ma vie, cette histoire a pris de telles proportions...

À mon retour, alors que j'étais à l'hôpital, des journalistes sont allés sonner chez ma mère, à Quincy-sous-Sénart. Elle a poliment refusé de leur ouvrir. Ils voulaient voir où j'habitais précisément, dans quel environnement, puis ont décrit dans leur reportage des boîtes aux lettres défoncées, une cité dangereuse et un quartier mal famé. Un portrait volontairement misérabiliste. Tout juste si on ne me faisait pas passer pour un clochard ayant grandi dans le Bronx ! Mon père a également reçu des appels des médias. « Foutez-moi la paix », s'est-il énervé auprès de ceux qui tentaient de lui parler en pensant qu'il s'agissait de moi, tandis que j'étais en maison de repos.

Je n'avais pas encore repris l'entraînement et la pression médiatique était continue. Cela ne m'avait pas plu. Le fait que mes parents avaient été harcelés, je ne l'ai appris qu'après. J'étais alors coupé du monde, en retrait, sans radio, ni télévision ni téléphone. Puis, quand j'ai rechaussé les crampons avec le Stade Français, une curiosité malsaine s'est de nouveau manifestée. Les caméras ne me lâchaient pas, guettaient une réaction, me suivaient jusqu'au vestiaire. Je restais calme, gardais mes tourments pour moi, et expliquais n'avoir rien à dire. Les journalistes, pourtant, insistaient. Je me souviens de l'une d'elles qui m'a sauté dessus et tendu son micro en m'interrogeant : « Alors, Mathieu, qu'avez-vous pensé du verdict de la commission de discipline de la FFR qui a vous a sanctionné ? » J'ai répondu fermement mais toujours sans m'énerver. Une autre fois, Frédéric Schmitt, notre analyste vidéo et statisticien, avait haussé le ton à l'encontre d'un journaliste qui se répandait en critiques sur moi devant lui. Fred leur a dégainé : « Si vous avez un truc à dire à Mathieu, ne vous gênez pas, allez dans le vestiaire ! Vous êtes sur son dos depuis un mois, alors foutez-lui la paix... »

Il faudra que je présente mes excuses pour le mensonge de Wellington quatre mois après les faits, lors d'une conférence de presse organisée par Max Guazzini, mon président au Stade Français, pour qu'enfin on puisse passer à autre chose. Devant une quarantaine de représentants des médias, j'ai balayé les versions fantaisistes qui m'étaient revenues aux oreilles, conscient aussi, hélas, que cette histoire allait me poursuivre même si depuis j'ai appris à vivre avec. « J'entends que tel ou tel joueur m'a frappé. C'est faux. Cela m'embête qu'on ait pu mettre certains coéquipiers en difficulté alors qu'ils n'avaient rien à voir avec ça. C'est ma bêtise et c'est à moi de l'assumer. Je regrette tout de cette soirée. Tout s'est enchaîné. J'ai eu peur d'être jugé... Il existe encore aujourd'hui un petit malaise quand je croise les autres joueurs de l'équipe de France. J'espère que cela va passer. » Voilà ce que j'ai assuré.

Aujourd'hui, je ne changerais rien à cette déclaration. Et ma suspension de trois mois par la Fédération française, commuée en dix-huit travaux d'intérêt général (TIG) à accomplir sur une période de neuf mois, s'est révélée une bonne expérience, comme par exemple lorsque j'ai passé la journée à l'École interarmées des sports de Fontainebleau, en Seine-et-Marne, en compagnie de la sélection d'Île-de-France des moins de 16 et 17 ans. J'ai vécu cela comme un retour aux sources, avec l'impression de revenir cinq ans en arrière quand, gamin de Massy, je remportais la Taddeï M17 – rassemblant les meilleurs jeunes Français de 17 ans – à Narbonne. C'était avec les cadets franciliens, mes potes Benjamin Tardy, Romain Dibel ou Wesley Fofana. Après les événements de Wellington, au fil des jours, les gens sont revenus vers moi tranquillement, comme si de rien n'était, alors que j'ai véritablement été traqué. « Alors Mathieu, ça va ? » Évidemment que non. Je ne pouvais pas tourner la page comme ça après tout le mal qui m'avait été fait, ainsi qu'à ma famille. Désolé, il ne m'était pas possible de reprendre l'entraînement et de jouer en souriant. Il existe une vraie bascule entre avant et après le mois de juin 2009 en Nouvelle-Zélande. Cela a marqué la fin de mes illusions. Jusque-là, je me croyais dans le monde des Bisounours ! J'ai sévèrement déchanté, dans le rugby et dans la vie tout court. J'ai vu des personnes retourner leur veste du jour au lendemain à mon égard. Des gens que j'appréciais ne plus donner de nouvelles, me tourner sciemment le dos. Une période noire, terrible. J'étais devenu le pestiféré.

Je n'ai jamais contesté la sanction, elle m'a semblé légitime, les TIG m'ayant permis de m'aérer l'esprit, de penser à autre chose. J'ai aussi été heureux d'opérer mon retour en équipe de France en vue du Tournoi des Six Nations 2010, où nous avons réalisé le Grand Chelem et où j'ai marqué deux essais contre l'Écosse lors du premier match. Mais, encore une fois, impossible d'oublier ces paroles blessantes d'un très haut dirigeant du rugby[1]. Déjà que j'étais très mal à l'aise vis-à-vis de mes partenaires de l'équipe de France et touché par toutes les rumeurs qui circulaient à mon propos... Des rumeurs qui se nourrissaient de mon mensonge et de mon silence, ce qui m'a conduit à culpabiliser encore davantage.

Je m'étais réfugié dans le mutisme. Je ne parlais pas, j'avais envie qu'on me laisse en paix, y compris mes proches. Avec le recul, j'aurais dû assumer dès le départ, annoncer que j'étais bourré et dire « désolé, pardon, excusez-moi... ». Comme je ne l'ai pas fait tout de suite, l'événement a été décrypté, commenté, amplifié, déformé. Plus je m'enfonçais dans les non-dits, plus les versions se multipliaient. Naïvement, je croyais qu'en n'expliquant rien, les ragots allaient cesser d'eux-mêmes. Ce n'est naturellement pas ce qui s'est produit. Qui ne dit mot consent... C'est mon principal regret.

Avec tout ce que j'ai traversé, je ne peux plus jouer avec la même spontanéité, la même joie, la même envie débordante, ni la même passion qu'à mes débuts. J'ai moins de naïveté, moins d'amour

---

1. Président de la Fédération internationale de rugby depuis 2007 et ancien patron de la Fédération française, Bernard Lapasset avait déclaré dans *L'Équipe* : « Il a eu un comportement inexcusable qui m'a beaucoup peiné. Ce n'est pas tant l'incident en lui-même que l'émoi qu'il a suscité et le climat qu'il a créé. La Fédération et les représentants se sont excusés, la police s'est démenée pour retrouver les agresseurs. [...] Ce qui est certain c'est que, malgré son jeune âge, Mathieu doit prendre conscience de ce que signifie être international et avoir le courage d'assumer ses responsabilités. On a déjà connu beaucoup trop d'incidents avec cette génération. Il faut faire attention... »

inconditionnel aussi pour mon sport. Quelque chose s'est cassé, même si heureusement j'ai fait la paix avec tout ça. Aujourd'hui, je reprends goût à jouer au rugby et, grâce au fait d'appartenir à l'un des plus grands clubs d'Europe, à être appelé régulièrement en équipe de France, avec en ligne de mire la Coupe du monde, qui aura lieu en Angleterre du 18 septembre au 31 octobre 2015. Je m'amuse, j'ai réappris à le faire, même s'il y a beaucoup d'enjeux dans le rugby, que ce n'est plus le sport que je pratiquais gamin à Créteil. J'ai mis beaucoup de temps à assimiler les choses. En règle générale, j'ai souvent attendu de me prendre une baffe dans la figure pour réagir. Je crois, au fond, que tout est allé vite, trop vite pour moi, avec par exemple une convocation en Bleu par Bernard Laporte en 2007 pour participer avec l'équipe de France à une tournée en Nouvelle-Zélande alors que j'avais seulement dix-huit ans. J'évoluais à Massy, en Fédérale 1 ! J'avais finalement dû déclarer forfait après une blessure au genou droit. On me sentait prêt, je me sentais prêt, moi aussi. Mais je ne l'étais pas.

Pour toutes ces raisons, ce 18 novembre 2014, en recevant l'Oscar d'or du meilleur joueur du championnat, j'étais habité de sentiments paradoxaux. Cette soirée était aussi bizarre car elle se déroulait pendant un rassemblement de l'équipe de France. Pas le temps donc d'en profiter : j'ai débarqué de Marcoussis, notre centre d'entraînement, en taxi-moto, puis après la remise du prix, on m'a vite demandé de rentrer... J'étais un peu gêné de devoir m'éclipser aussi vite. Mais il fallait regagner notre antre, l'Argentine venant nous défier quatre jours plus tard. Je n'ai pas mangé ni fait la fête avec les autres lauréats. Tout cela manquait de saveur et, du coup, je n'étais pas plus emballé que ça. En plus, si j'aime bien regarder les cérémonies comme le Ballon d'or ou les MTV Music Awards, je ne suis pas trop à l'aise quand c'est moi qui suis concerné. Je ne cours pas après les distinctions et je préfère les récompenses collectives. Les titres de champion de France et d'Europe me parlent plus que des titres individuels. Ce qui restera dans dix ans, ce sera le doublé en 2014 avec le RCT, et non pas que j'ai été élu meilleur joueur de la saison.

De toute façon, je n'ai jamais programmé quoi que ce soit. Les rares fois où j'ai essayé de me fixer des objectifs clairs, je me suis trop pris la tête et cela m'a rajouté une pression supplémentaire. J'essaie d'avoir un cadre et de rester à l'intérieur de celui-ci. Les objectifs, on s'est toujours chargé de les définir pour moi, sans d'ailleurs forcément me consulter. C'est un peu l'histoire de ma vie... Voilà pourquoi, aussi, je me sens autant attendu au tournant. Avec l'impression d'être épié. Comme si j'étais devenu un objet de curiosité, une bête de foire. Je comprends que la médiatisation du rugby suscite l'intérêt des gens mais cette curiosité, parfois, est trop envahissante. Certains sont insistants, voire indiscrets. Ils veulent tout savoir alors que j'aime préserver mes secrets. J'ai du mal avec ça. Avec le temps, là encore, j'ai appris à l'accepter, à moins mal le vivre. Ce n'est pas forcément méchant, d'autres joueurs parviennent à en faire totalement abstraction. Pas moi.

Quand je suis dans le rayon d'un supermarché, que la personne à côté se retourne et que je la retrouve dans une autre allée collée à mes basques, prête à scruter mes achats, je ne suis pas serein. Je n'aime pas devenir un sujet d'observation, je me demande toujours pourquoi je fais l'objet d'autant d'attention. Je ne fais pourtant rien pour. Et comme en plus je ne suis pas un grand communicant, je suis conscient que ceux qui ne me connaissent pas doivent penser : « Celui-là, il n'est pas commode »... Je ne mords pas mais, désolé, je ne peux forcer ma nature ! Il m'est difficile d'expliquer la sensation que j'éprouve ; j'imagine les autres attendant que je me plante, que je m'énerve ou que je pète un câble. Je peux le ressentir en conférence de presse, quand on me titille un peu trop, cherchant à me provoquer. J'ai appris avec le temps à ignorer les relances intempestives de mes interlocuteurs et à garder mon calme.

Parfois, malgré tout, ça bout. Le 23 novembre 2014, nous nous sommes inclinés au Stade de France contre l'Argentine (13-18). J'assume la défaite. Dans la zone mixte, où se croisent joueurs et médias après le match, un journaliste qui vient souvent à Toulon estime que mon entrée[1] n'a rien apporté. C'est son

---

1. En remplacement de Maxime Mermoz à la 42e minute.

droit le plus strict. Mais il me rentre dedans directement, ne me laisse pas terminer mes réponses, me coupe la parole pour me poser une autre question et insiste sur mon faible apport. Avant, je me serais peut-être énervé. Cette fois, je n'ai pas haussé le ton. « Je peux parler ? Si je ne peux pas le faire, je pars... » Il a continué son numéro alors je suis parti, allez tchao... Je me prends moins la tête. Il n'y pas si longtemps, j'aurais continué la joute verbale, je serais rentré dans son jeu et j'aurais été agacé. Désormais, je ne me force plus. Cela ne signifie pas que je ne formule pas clairement les choses lorsque le besoin s'en fait sentir.

Face aux médias, il faut savoir prendre ses responsabilités, surtout dans les périodes délicates. Ce fut le cas le 28 février 2015 après notre revers à domicile lors du Tournoi des Six Nations contre le pays de Galles[1]. À quelques mois du Mondial, il fallait se réveiller. Alors je me suis exprimé : « Je n'aime pas perdre. Donc ça fait mal, car c'est devant nos familles, notre public, ai-je avancé. C'est beaucoup de frustration qui s'accumule, ça commence à faire beaucoup pour tout le monde : pour les joueurs, le staff et les supporters. On a été sifflés sur notre tour d'honneur, on ne peut rien dire à ça. Ça fait mal mais je le comprends. Quand tu es déçu toi-même c'est déjà beaucoup, mais quand tu sens que tu as déçu tout un stade ça fait encore plus mal. Mais on est des

---

1. Une défaite 13-20 conclue sous les sifflets du Stade de France.

grands garçons, il faut relever la tête et bosser, bosser. Il faut se taire et faire le dos rond, car on ne va pas être épargnés individuellement et collectivement. » Quand on me pose une question, j'y réponds. Je ne suis pas partisan de la langue de bois. Après tout, ce n'est que du sport. Mais les médias ont du pouvoir. Je n'étais pas préparé à les affronter, je n'avais pas les codes. À mes débuts, je répondais à tout le monde, avec le sourire. Depuis l'épisode de la Nouvelle-Zélande, j'ai changé d'approche, même si je joue le jeu car cela fait partie du job. Des journalistes essaient parfois de créer une pseudo-relation de confiance pour te faire parler. Cela ne marche pas avec moi. Je reste professionnel, sans plus. Chacun doit savoir rester à sa place et la plupart sont réglos. J'accepte la critique, naturellement, mais dans mon cas je trouve certaines attaques gratuites, sans lien avec le rugby. Je lis peu les journaux mais on me rapporte certains commentaires. Quant au rugby à la télévision, je le regarde avec parcimonie, excepté les matches internationaux et le Super 15[1]. Pour le Top 14, il y a les séances vidéo le lundi avec le RCT ! Et comme je n'aime pas me regarder à la télé car je n'ai pas la classe et l'élégance d'un Gaël Fickou, d'un Matt Giteau ou d'un Wesley Fofana, si à l'aise techniquement, je tourne la tête. Même si Bernard Laporte montre de moi une action positive, je vais être tenté de ne retenir que mon erreur.

---

1. Compétition phare de l'hémisphère Sud opposant quinze franchises australiennes, sud-africaines et néo-zélandaises.

Je suis très exigeant envers moi-même. On me dit souvent que je dois apprendre à m'aimer, à avoir une image plus positive de moi. Je fais des efforts, je consulte et je me débloque petit à petit. Reste que j'ai encore du mal avec les gens qui s'inquiètent pour moi. Je ne veux pas qu'on s'apitoie sur mon sort. Je dois améliorer mon estime de moi-même. J'ai souvent l'impression de ne pas mériter toute cette attention, tout cet amour. J'ai par exemple été frappé par les nombreux messages amicaux et cordiaux reçus, par téléphone ou sur les réseaux sociaux, dans la foulée de ma sortie devant les caméras de Canal+, le 28 décembre 2014.

Avec le RC Toulon, quelques jours après une coupure bienvenue dans l'anonymat londonien où je m'étais transformé en touriste, nous venions de perdre sur la pelouse du stade Jean-Bouin, face au Stade Français, mon ancien club (6-30). Devant le micro, j'ai laissé affleurer quelques larmes. Elles sont venues comme ça, spontanément. Puis je me suis remis en cause, avançant : « On n'a pas été bons, on a été battus dans tous les duels. Il faut regarder les choses en face. Depuis le début de la saison, je suis un zombie. Je n'arrive pas à retrouver mon niveau. À un moment, il faut savoir dire stop. Et je pense que là, je suis arrivé au point de rupture. » Cette déclaration a fait jaser. Après ce coup de blues, Philippe Saint-André a pris la peine de me téléphoner, réaffirmant qu'il avait confiance en moi. C'était entre Noël et le jour de l'An, je ne voulais pas déranger et je n'ai pas rappelé le sélectionneur. Mais peu de gens auraient eu ce geste bienveillant. Cette marque d'attention m'a plu. Je n'avais pas choisi mon moment pour craquer ainsi. Ce n'était pas du tout le but recherché. Ma maman a été touchée. Comme d'habitude, sur le coup, je n'ai pas réfléchi aux conséquences. Tout le monde, ensuite, a donné son avis[1]. Je suis fragile et j'ai eu une réaction humaine, rien de plus. Je n'aime pas décevoir, tout simplement. Et je doute de moi comme de mes capacités. Les jours suivant le revers au Stade Français, le téléphone éteint, je suis resté seul à la maison. Je n'avais pas envie de communiquer avec grand monde.

J'ai également reçu une lettre émouvante d'André Boniface[2]. Il me disait avoir été touché par mon

---

1. L'entraîneur des arrières du XV de France, Patrice Lagisquet, a dit à ce propos dans *La Provence* : « Je commence à le connaître et je me rends compte que Mathieu est un affectif. Il faut toujours l'encourager et le soutenir, mais ne surtout pas le conforter s'il a des états d'âme ou des doutes. Il faut lui montrer qu'on lui fait confiance, que l'on compte sur lui et qu'on est conscient de tout ce qu'il peut apporter de positif sur un terrain. Ça ne sert à rien de lui mettre une pression négative. »
2. André Boniface est un ancien trois-quarts centre ou ailier de légende. Sélectionné 48 fois en équipe de France entre 1954 et 1966, il a remporté à cinq reprises le Tournoi des Six Nations. Son frère Guy, 35 fois appelé en Bleu, est mort sur la route le 1er janvier 1968. Étonnante lettre de « Boni » car, en septembre 2012, à la mi-temps de Mont-de-Marsan-Toulon (15-29), il avait expliqué : « Je ne parle pas de Bastareaud, un cas à part dans le stade Guy-Boniface où on a vu des centres qui avaient une autre allure. » Dans *L'Équipe* du 20 janvier 2015, pour expliquer l'envoi de sa lettre, « Boni » a confié : « Ce gosse – pour moi qui ai quatre-vingts ans, Mathieu est un gosse – m'a ému. Il m'a fait mal au cœur quand je l'ai vu pleurer après le match au Stade Français. Le rugby doit lui apporter du bonheur, pas ce coup de barre terrible ! [...] On l'a monté haut, on l'a descendu bas, on ne l'a jamais entendu... »

interview, insistant pour que je garde confiance, me promettant que les bons moments allaient revenir.

Les gens s'arrêtent souvent sur une image. Nous rugbymen professionnels, pratiquons notre passion, nous gagnons de l'argent grâce à cela. Nous devrions donc avoir une belle vie et ne jamais nous plaindre. Mais la plupart de ces apprentis commentateurs ne connaissent pas l'envers du décor. Nous consentons des sacrifices, nous nous entraînons tous les jours. Il y a ceux qui lisent le classement des salaires du Top 14, se demandent si on ne se moque pas d'eux : comment ose-t-on prétendre qu'on est malheureux alors que l'on touche de si belles sommes ? Mais ce n'est pas toujours lié. J'imagine ce que doivent subir les joueurs de football... Une phrase dit : « Un sourire vaut mille mots. » Sourire, je suis très bon pour ça. Je peux ainsi masquer mes sentiments. J'ai toujours un peu agi de la sorte. Avec le temps, j'ai évolué, apprenant à donner aux gens ce qu'ils veulent et à garder pour moi des choses plus personnelles.

Quand tu as des entraîneurs psychologues, qui comprennent ton mode de fonctionnement – et qui surtout ne te tombent pas dessus quand ça va moins bien, du genre « tu peux faire un effort, j'ai bien fait ça pour toi »... –, cela facilite la tâche. Mais ce n'est pas évident car le coach doit s'occuper de quarante mecs en même temps. À Toulon, Bernard Laporte ne prend pas toujours des pincettes avec les joueurs mais il sait comment les manager, les amadouer, les stimuler. Après notre déculottée face au Stade Français, je lui avais demandé de travailler seul, pour réapprendre à « me faire mal ». Je lui avais raconté que je venais aux entraînements sans énergie. J'aspirais à bosser physiquement pendant une semaine. Une semaine sans ballon pour retrouver l'envie d'être un tueur sur le terrain. Je n'avais pas l'impression de réclamer quelque chose d'exceptionnel ; ce n'était pas une semaine de vacances à Tahiti !

Pourtant, au final, il m'a emmené dans le groupe en vue du match suivant. Pour la réception du Racing-Métro 92, à ma grande surprise, j'étais 24e homme. Au début, ça ne m'a pas plu car j'aurais préféré travailler de mon côté. Mais être au contact des autres m'a relancé, m'a redonné de l'appétit. Je me suis dit que j'avais envie de jouer avec les copains. Bernard n'avait pas voulu m'isoler, m'éloigner encore plus du groupe. Il tenait à ce que je reste parmi les mecs. Il a bien fait de refuser même si je ne cache pas que, à la suite de son refus, j'ai eu les boules – car d'autres joueurs obtiennent souvent quelques jours pour transpirer à leur guise. Au bout du compte, le lundi, après la victoire contre le Racing, je n'avais qu'une volonté, qu'une hâte : m'entraîner. Il est simplement dommage que, au très haut niveau, montrer ses sentiments soit aussi mal perçu.

2

Ma banlieue sud

Vingt ans, quatre mois et vingt-trois jours. « Iron Mike » est le plus jeune boxeur de l'histoire à avoir remporté un titre mondial. L'ancien champion poids lourd est une icône. Sa trajectoire hors du commun, avec des très hauts et aussi beaucoup de bas, entre alcool, prison ou drogue. Martin Scorcese, qui avait déjà réalisé *Raging Bull*, avec Robert de Niro dans le rôle de Jake LaMotta tombeur de Marcel Cerdan, donnera vie prochainement à un biopic sur Mike Tyson. Jamie Foxx incarnera le rôle plus grand que nature de l'ex-terreur des rings, retraité depuis 2005 et reconverti dans le divertissement, entre cinéma, one-man show, conférences ou écriture de son autobiographie à sensation, *La Vérité et rien d'autre*[1]. Dans ce pavé, Michael Gerard Tyson, né en 1966 à Brownsville, arrondissement de Brooklyn, évoque son enfance ravagée, pauvre et

---

[1]. Les Arènes, 2013 ; J'ai lu, 2014.

douloureuse[1]. Il écrit notamment : « Je ne suis pas fait pour le bonheur. Ce n'est pas dans ma nature. »

Je suis fan de Mike Tyson. Pas question de me comparer à lui, nous n'avons pas la même dimension. Mais, comme lui, tout est arrivé trop vite. Et trop facilement. Nos trajectoires se ressemblent : partir de bas, monter très haut rapidement, puis la redescente, sèche et brutale. Quand on dévore son livre, on comprend qu'il ait été autant torturé mentalement. D'un coup, en le refermant, on se sent terriblement normal... Comme Tyson, l'impression de puissance que j'ai pu dégager sur la pelouse masquait en réalité un énorme manque de confiance. La crainte de ne pas répondre aux espoirs était prégnante. Lorsque j'explique ceci, beaucoup peinent à me croire. C'est pourtant vrai.

Je tiens à vous rassurer : à la différence de Mike Tyson, mon enfance a été plus classique. Mes parents ont divorcé quand j'ai eu trois ans. Ils ne se sont pas séparés en bons termes. Je n'ai jamais trop posé de questions sur le sujet, c'était une histoire de grands. J'entretiens avec ma mère, Dania, une relation fusionnelle. Je n'ai pas les mêmes rapports avec mon père, Jacques, plus taiseux, que je voyais seulement le week-end car ma maman nous gardait du lundi au jeudi.

---

[1]. Tyson a été élevé par une mère seule, au chômage, alcoolique et obligée, écrit-il, de « coucher avec des hommes » afin de garder un toit. Il ne connaît pas son père, un « proxénète » qui a eu « dix-sept enfants dont il ne s'est jamais vraiment occupé ». Délinquant très tôt, il sera placé en maison de correction, où un gardien remarquera ses aptitudes naturelles pour la boxe.

Dania me connaît par cœur, je reste son « petit ». Elle a travaillé trente ans à la Poste, aux PTT, comme on disait. Elle a commencé derrière les guichets et a terminé comptable. Dès que j'ai disposé de suffisamment de revenus, je lui ai demandé d'arrêter de bosser et je l'ai mise à la retraite ! Elle a consenti tellement de sacrifices pour que je puisse assouvir ma passion...

Elle vient souvent me voir à Toulon à l'occasion des vacances scolaires, accompagnée de Lenny, mon demi-frère, qui s'est mis au rugby, d'abord à Créteil, le club de mes débuts : c'était compliqué pour lui, les comparaisons inévitables et usantes. Il n'est pas agréable, dans le regard des gens, de sentir si tôt la pression. Il était tout le temps « le petit frère », les gens s'attendaient à ce qu'il soit bon d'entrée alors que, à cet âge, on ne recherche pas systématiquement la performance. Il a changé de club et les choses se déroulent mieux. Nous n'avons pas du tout le même caractère. Dès cinq ans j'étais un compétiteur, obsédé par la gagne. J'étais un très mauvais perdant alors que lui jouait pour s'amuser. À 14 ans, son caractère a évolué, il commence à entrer dans les filières jeunes, avec sélections départementales à la clé. Physiquement, il est plus longiligne que moi. Il jouera à terme devant, en deuxième ou troisième ligne. Aujourd'hui, il est licencié à Yerres, dans l'Essonne, et devrait, je l'espère, rejoindre Massy, école très formatrice. Nous parlons très peu de rugby. Je le laisse faire ce dont il a envie.

J'ai passé les trois premières années de mon existence boulevard Pablo-Picasso, un quartier populaire de Créteil, dans le Val-de-Marne. Mon père y est resté après le divorce. Même si je n'en avais pas toujours envie, il m'emmenait avec lui faire un footing autour du lac – encore aujourd'hui, il court régulièrement ses deux tours. Je pleurais, je ralentissais, j'aurais préféré rester à la maison et ça l'agaçait. De dépit, il avait fini par me confier aux anciens de la communauté antillaise, qui jouaient au football près du lac, et venait me récupérer après ses séances. Nous allions aussi regarder les vitrines du centre commercial. Je n'ai jamais eu le moindre souci à Picasso. Le rugby m'a sans doute évité des problèmes puisque je m'entraînais le mercredi quand d'autres tournaient en rond pour tuer l'ennui. Le quartier a évolué, la résidence est devenue une cité HLM. Tout le monde se connaissait, c'était comme un petit village.

La cité du Vieillet à Quincy-sous-Sénart, dans le département de l'Essonne, où ma mère s'est installée – dans un appartement de quatre pièces, au rez-de-chaussée –, me produit le même effet. Elle y habite encore. Quincy, 8 000 habitants, à vingt-cinq kilomètres au sud-est de Paris : à l'époque, il n'y avait pas grand-chose à faire. On jouait au foot entre potes devant l'immeuble. Je ne me souviens pas d'incidents majeurs, hormis de petites histoires avec ceux des quartiers d'Épinay-sous-Sénart. Il existait un profond respect entre les générations. Les policiers patrouillaient et nous contrôlaient lorsque nous allions au centre commercial mais ça n'allait pas plus loin. Je retourne dès que je peux à Quincy rendre visite à ma mère. Je m'y rends en RER puisque je n'ai pas le permis de conduire. Je suis inscrit à l'auto-école, c'est déjà ça ! À force de me faire chambrer, notamment par Mourad Boudjellal, mon président à Toulon, je vais finir par le passer... Là encore, la peur de l'échec et d'être déçu en ratant l'examen est là. Je roule en scooter mais parfois ça pique bien les yeux quand je suis sur mon engin ou que je prends la pluie !

Retourner à Quincy est un plaisir. Le décor n'a guère changé, même si deux, trois immeubles ont été détruits. Beaucoup de ceux que j'ai connus gamin y résident encore. Chacun a suivi une trajectoire différente. Certains ont déménagé, d'autres pointent au chômage, ont divorcé, traînent à droite à gauche ; je ne suis pas aveugle. La vie n'est pas toujours rose pour eux. Et dès que l'on se retrouve, l'instinct refait immédiatement surface. Mes potes ne me voient pas comme la vedette du Top 14 ou le double champion d'Europe. En fait, c'est comme si nous nous étions quittés la veille. Ils sont mes premiers supporters, peuvent me dire si j'ai été bon ou pas, m'encouragent, me lancent des « Accroche-toi » ou des « Ça fait plaisir de te voir à la télé ». Je n'ai pas changé mon cercle d'amis et les retrouvailles au sortir du RER D sont à chaque fois sincères.

J'aime mon quartier, c'est pourquoi je suis gêné en lisant certains articles qui me sont consacrés et dans lesquels les amalgames pullulent. Comme j'ai grandi dans une cité, on en déduit forcément que ça n'a pas été facile pour moi, que j'ai nécessairement été confronté à la drogue et à la violence. Je vous rassure : certes il fallait se serrer la ceinture mais les fêtes de Noël se passaient bien. Je n'ai jamais manqué de rien. Nous avons toujours eu de quoi nous habiller et de la nourriture dans l'assiette. Bien sûr, parfois, les portes à code étaient cassées et les immeubles laissés à l'abandon. Mais rien d'insoutenable. Il m'arrive d'entendre des réflexions de gens qui se croient marrants en parlant le banlieusard, genre : « Wesh-wesh. » C'est ridicule. J'ai le tampon « mec de banlieue ayant grandi en cité » collé sur le front. À ceux qui pensent que je suis un miraculé de la vie, je réponds non, désolé... J'ai eu une enfance heureuse, je partais en vacances, je mangeais à ma faim. Mes parents se sont mis en quatre pour nous mais ils ne se sont jamais plaints.

Après mes déboires en Nouvelle-Zélande, alors que je n'étais pas si médiatisé que cela, on a voulu faire de moi un personnage. Il était question d'une jeunesse difficile, où j'aurais été livré à moi-même. Je ne me suis pas du tout reconnu dans ce portrait. Les rares bêtises que l'on commettait, en rentrant des tournois de football au stade municipal, c'était sonner aux portes avant de partir en courant. À ces mêmes personnes, nous avions ensuite le culot de réclamer des bonbons ou quelques pièces le soir d'Halloween ! C'est pourquoi j'ai été choqué par la perception que les gens ont pu avoir de moi, par cette étiquette que l'on m'a collée sur la peau, par l'image dévalorisante que cela produisait. À moins qu'on ne m'ait lavé le cerveau, rien de tout ce qui m'a été prêté n'a existé. Je n'ai jamais eu honte de mes origines. La banlieue, il faut la vivre, ne pas se contenter du miroir renvoyé par les reportages quand il y a des voitures brûlées. Même dans les vestiaires, parfois, je ne peux m'empêcher de sursauter en entendant certains commentaires. Sans parler de ce jour où, en Angleterre pour un match, un partenaire toulonnais m'a lancé : « Ah bon, tu sais lire l'anglais ?! » Je ne cache pas le fait que je viens d'un quartier. Mais pourquoi me présenter toujours ainsi ? Ma scolarité n'a pas été bouleversante, juste tranquille. Quelques heures de colle, comme tout le monde, mais rien de misérabiliste. À la lecture de certains articles, j'ai cru que j'étais un délinquant ! Heureusement, de plus en plus de joueurs sont issus de la région parisienne, dont ils symbolisent la diversité. C'est un grand progrès.

Lors de toutes mes épreuves, quand bien même je ne laisse rien paraître devant elle et qu'elle ne sait pas tout, ma mère m'a toujours soutenu. À la maison à Quincy, elle a une vitrine où sont entreposés trophées et maillots. Elle conserve également tous les articles qui m'ont été consacrés. Cela m'agace parfois : j'ai peur qu'elle tombe sur un papier nauséabond, qu'elle en soit blessée. Elle ne dira rien, encaissera en silence mais je sais qu'elle en souffrira. Dans la famille, nous sommes très pudiques en ce qui concerne les sentiments. Je n'ai, par exemple, jamais parlé de mes petites copines à ma mère. On se dit

« Je t'aime » par texto mais, face à face, c'est plus dur... Décidemment, elle va apprendre et découvrir plein de secrets sur moi grâce à cet ouvrage !

Que j'étais atteint de dyslexie, en revanche elle le savait. Malgré ma rééducation, je traîne encore quelques symptômes de cette maladie, puisque c'en est une. Je fais encore, parfois, des fautes de prononciation, confondant les syllabes. C'est valable aussi à l'écrit. Ma mère m'a accompagné chez l'orthophoniste, en primaire, durant mes cinq années de consultation. J'avais du mal à écrire droit. Avec des caractères penchés et très gros. Au rugby, il m'arrive également d'avoir des troubles de la concentration. Lors de séances vidéo trop longues, je décroche. J'ai besoin, pour rester concentré, de fixer mon attention sur quelque chose. En match, l'adrénaline me fait tenir mais, quand la pression se relâche... Je me suis toujours efforcé de cacher mes défauts, de les masquer.

Quand j'ai commencé à aller chez l'orthophoniste sans ma mère, je me suis fait discret. J'avais la douloureuse impression qu'on pensait que j'étais bête. Les gamins, à cet âge, se moquent pour un rien... J'ai également eu droit à l'appareil dentaire de rigueur, car j'ai longtemps sucé mon pouce et, progressivement, mes dents se sont écartées, laissant un espace. La dentiste avait son cabinet juste à côté du travail de ma mère. Un après-midi, après un rendez-vous pour soigner une carie, elle me dit : « Tu sais, Mathieu, il faudra te mettre des bagues... » J'imaginais déjà les moqueries redoubler. J'ai promis d'en parler à ma mère. Je ne suis jamais revenu. Et j'ai bien pris soin de garder l'information pour moi !

Ma mère travaillait à la Poste de Limeil-Brévannes, dans le Val-de-Marne. Le mercredi, elle venait me chercher à l'école puis, au début, je passais l'après-midi après le déjeuner à son bureau. Le mari de l'une de ses collègues était éducateur de rugby au club voisin de Créteil-Choisy. Il déposait sa femme à la Poste puis filait à l'entraînement. Le sport, pour moi, c'était surtout le foot avec les copains, le handball à l'école et l'EPS pour remonter la moyenne. Le skate, j'ai essayé mais je me suis mangé beaucoup de gamelles !

À cinq ans et demi, je fréquentais le centre aéré de l'école Fontaine-Cornaille, à Quincy. Chaque semaine, l'animateur nous incitait à tester un nouveau sport, du badminton au tennis en passant par le volley-ball. Un jour, on a essayé le rugby. Cela m'a plu. Pour l'ambiance, pour l'engagement total. Et puis on pouvait se rouler dans la boue et salir ses vêtements en toute liberté, sans se faire engueuler. Courir ainsi sur le terrain était génial. Je m'en suis ouvert à ma mère, qui en a parlé à sa collègue. Son mari, Patrick Boullet, était partant pour m'accueillir dans son club. « Ramène-le, il fera un entraînement avec nous. Et si ça lui plaît vraiment... », a-t-il proposé.

Avant d'y participer, je tremblais. Je n'étais pas en confiance. Je n'avais pas encore de vraie bande de copains. J'étais assez solitaire, je ne parlais pas beaucoup. En débarquant à Créteil, Patrick a annoncé : « Bonjour, je vous présente Mathieu. Il est un peu intimidé... » À ma grande surprise, les joueurs m'ont accueilli à bras ouverts : « Allez, viens dans mon équipe. » Wouah ! J'ignorais qu'il était si aisé de se faire des amis. J'ai pris ma licence et je suis resté dix ans au club de Créteil-Choisy-le-Roi ! Patrick Boullet a été mon éducateur. Il me ramenait à la maison après l'entraînement. Je restais parfois dîner et même dormir chez lui, jusqu'à ce que ma mère vienne me récupérer. Sa femme est la marraine de mon petit frère. Il m'a appris le rugby et a été comme un second père pour moi. C'est lui qui m'a placé au poste de trois-quarts et non pas devant, comme on le faisait habituellement pour les garçons de mon gabarit, puisque j'étais déjà très costaud. Je tiens ça de mon père. Sa propre mère était bien charpentée !

Si ma maman est une pipelette, une vraie mère poule, toujours avenante et à l'aise avec tout le monde, mon père est plus renfermé. Il me ressemble ! Il est trop fier pour accepter mon aide. Il dit toujours qu'il n'a pas besoin de moi pour l'épauler. Mon père n'a pas bougé de Créteil et continue de travailler. Il a surtout été salarié de Jet Services, rebaptisée TNT Express France. La société livre chaque jour des colis vers les entreprises et les particuliers. Il ne faut pas toujours écouter son papa : il ne voulait pas que je me mette au rugby. Il estimait la discipline trop violente. Mais, très vite, quand il a vu que je m'éclatais, il m'a laissé faire. Je n'aimais pas trop, lorsque j'étais petit, qu'il vienne me voir jouer. Autant je suis très doux en dehors du terrain, autant je suis une teigne dès que j'entre sur la pelouse. Mon père a pu le vérifier, sans compter que j'étais très mauvais perdant. En cas de défaite, j'enchaînais les crises de larmes ; je ne tenais pas trop à ce qu'il assiste à ce désolant spectacle. Mais il n'insistait pas, à la différence de ma mère.

Aujourd'hui, je sais que, lorsque je joue à Paris, avec Toulon ou l'équipe de France, mon père se pose sans bruit en tribunes, souvent à mon insu. Il se comportait déjà ainsi quand, après Créteil, j'ai évolué à Massy puis au Stade Français. Il aime le calme et la discrétion. Il était davantage attiré par le football mais s'est intéressé au rugby à travers moi. Nous regardions les matches des Cinq Nations ensemble, il essayait de comprendre les règles, pour me faire plaisir. Il faisait mine d'être détaché mais je sais qu'il était à fond. Lorsque j'ai reçu une convocation pour évoluer en équipe de France des moins de 18 ans en tournée en Afrique du Sud – une convocation que je n'ai finalement pas honorée car j'ai été surclassé pour atterrir au Pôle Espoirs France –, j'étais très fier d'aller lui annoncer. Je pensais dans ma tête : « C'est énorme. » Mon père était couché sur le canapé, il m'a regardé fixement, s'est contenté de marmonner : « C'est bien, c'est cool ! » Puis il s'est recouché. Sur le coup, j'ai plus eu l'impression de l'ennuyer qu'autre chose... Il n'est pas du genre bavard, à cogiter sur tout et rien.

À l'adolescence, je dormais et vivais rugby. J'étais un vrai mordu. Je regardais le Super 12, avec ses cinq équipes néo-zélandaises, quatre sud-africaines et trois australiennes. Hémisphère Sud oblige, les matches étaient diffusés à l'aube, sur Canal+. Le week-end, nous nous battions avec mon grand frère Jean-Marc pour savoir qui allait récupérer le décodeur du salon en premier et l'installer dans sa chambre. Chacun avait sa technique pour tromper la vigilance de l'autre. Le samedi soir, ma mère couchée, il pouvait prétexter un choc de NBA pour s'emparer de l'objet. Mais, à la course pour s'en saisir, je gagnais souvent. J'étais ainsi branché dessus dès cinq heures du matin. Je priais pour que ce soient les rencontres de l'équipe de Jonah Lomu ou Tana Umaga, mes deux joueurs préférés. J'enchaînais avec les parties de catch, dont Hulk Hogan ou The Rock étaient les héros. Puis je dormais. Au collège, j'allais au CDI et j'empruntais des livres sur l'histoire du rugby. J'étais passionné. J'achetais *Midi Olympique*, je découpais les articles, je les archivais. Je respectais le cérémonial à la lettre. Les choses ont bien changé, surtout depuis la Nouvelle-Zélande. Dans *L'Équipe*, je saute volontiers les pages rugby. Que l'on dise du bien de moi ou pas, j'éprouve énormément de mal à lire des articles qui me concernent.

À l'époque, dès le réveil du samedi matin, j'enfilais ma tenue, pressé de jouer. Et mon sac de sport était prêt dès le jeudi soir ! Une fois par an, mes parents m'offraient un nouveau maillot. J'ai revêtu celui de l'Australie, de la Nouvelle-Zélande, de l'Afrique du Sud, jamais celui de la France ! Je m'habillais tout en noir, exécutait le rituel du haka dans ma chambre. Je refaisais les matches, les actions, les courses. J'achetais tous les magazines, je collais les fiches des joueurs club par club. J'avais un jouet Action Man, que j'avais customisé en rugbyman. J'étais porté aussi sur les jeux vidéo consacrés à mon sport. Quant à mes crampons, c'était tout bonnement la prunelle de mes yeux. Je lavais mes chaussures, je les bichonnais, je les brossais. J'allais jusqu'à y mettre du vernis !

Je ne garde que de bons souvenirs de mes dix ans au Rugby Créteil-Choisy, ses couleurs jaune et bleu. Ma bande de copains est née là. Qu'est-ce que nous rigolions... Les mamans se connaissaient, nous fêtions les anniversaires ensemble. J'ai adoré cet esprit, qui me manque. Nous partagions tout, entre don de soi et solidarité. Les déplacements en bus, quand ce n'était pas les parents qui assuraient le covoiturage, étaient homériques. Nous engloutissions nos sandwiches dans une ambiance de joyeuse colonie de vacances. Puis, à la buvette du club, c'était chocolat chaud et quatre-quarts. Cela force à grandir. Cette période m'a obligé à m'ouvrir aux autres. Je garde comme un porte-bonheur une chaussette du club, que je transporte partout avec moi. Nous nous entraînions le mercredi, et le samedi c'était compétition. Le match de la fête de fin d'année de l'école de rugby était propice à la détente et à la rigolade. Mais moi, je n'avais qu'une envie : gagner. Je voulais montrer que j'étais le plus fort.

En poussins ou en benjamins, sous les yeux de Patrice Lagisquet, ancien international[1], je n'ai pas arrêté de rouspéter. La raison de mon courroux : j'avais marqué neuf essais au lieu de dix, car sur une action on ne m'avait pas donné le ballon, avec lequel j'aurais pu allègrement traverser le terrain ! La saison était marquée par le traditionnel voyage annuel. Mon premier – ça ne s'invente pas – s'est déroulé à Toulon. Nous sommes descendus en train, passant une semaine dans le Var avec le club. Au programme, quelques visites et activités avant, le week-end, de participer à un mini-tournoi à La Seyne-sur-Mer. Nous nous sommes également rendus en Normandie, sur les plages du Débarquement et avons visité son musée, puis en Alsace, etc. Les parents n'étaient pas là, les éducateurs s'occupaient de nous. De jolis souvenirs pour de chouettes voyages. Notre bande était surnommée « Le Bronx », tellement notre chambre était, disons, bordélique... Dès qu'une petite bêtise était commise, nous n'étions jamais très loin !

À quinze ans, j'ai quitté Créteil-Choisy. J'ai eu l'opportunité d'intégrer le Pôle Espoirs du lycée Lakanal, à Sceaux, dans les Hauts-de-Seine. Un établissement réputé, qui permet de jongler entre agenda scolaire classique et près de dix heures

---

1. Devenu triple champion de France avec le Biarritz Olympique comme entraîneur, il est aujourd'hui l'adjoint de Philippe Saint-André chez les Bleus, où je l'ai retrouvé.

d'entraînement avec le club[1]. Le week-end, je défendais les couleurs de mon nouveau club : le Rugby Club Massy-Essonne. Quand j'ai su que j'étais pris à Lakanal, j'ai eu le choix entre le Stade Français, le PUC et Massy. J'ai rencontré Fabrice Landreau, ancien talonneur international qui était alors l'un des adjoints de Fabien Galthié au Stade Français[2]. En arrivant au rendez-vous, au siège près de la porte de Saint-Cloud, je suis d'abord tombé sur Pierre Rabadan, impressionnant troisième-ligne de l'équipe. J'avais les yeux pleins d'étoiles. Mais j'ai estimé que les allers-retours entre Quincy, mon domicile, Lakanal, où j'étais en internat, et le Stade n'étaient pas très pratiques pour ma mère, qui me conduisait en voiture de l'un à l'autre.

J'ai été tenté de choisir le PUC, notamment pour son entraîneur, Mathieu Rourre, que j'ai retrouvé en sélection de jeunes. Il a été l'un des premiers constamment sur mon dos. Il m'a fait travailler et progresser comme jamais. J'ai été champion d'Île-de-France avec lui et l'équipe avait fière allure, avec entre autres Wesley Fofana, Henry Chavancy ou Arthur Joly. Entre l'équipe de France des moins de 16 ans, où son regard sombre dont il jouait nous faisait peur, puis celle des moins de 19 ans au Pôle France à Marcoussis, Mathieu m'a entraîné quatre

---
1. En 1974 a été créé le sport-études rugby de Lakanal, le premier en France pour un sport collectif. En 2000, le Pôle Espoirs a remplacé le sport-études.
2. Fabrice Landreau est aujourd'hui manager de Grenoble.

ans ! Parce qu'il me connaissait, il a été plus dur avec moi. Pour mon bien.

Je suis heureux de le recroiser quand nous jouons à Biarritz, dont il est directeur du centre de formation.

Je me souviens encore de ses séances du jeudi en fin d'après-midi à Marcoussis, qui retardaient notre retour chez nous. Je n'habitais pas loin mais d'autres avaient un avion à prendre. Durant ces séquences, nous devions nous faire des passes de vingt mètres sur tout le terrain synthétique. Si le ballon tombait ou qu'il y avait en-avant, Mathieu martelait : « Je m'en fous, vous ne rentrerez pas chez vous tant que ce ne sera pas parfait. » La fatigue aidant, avec en plus des piliers n'ayant pas l'habitude de ces gestes, cela pouvait durer quarante-cinq minutes au lieu du quart d'heure réellement nécessaire. On le maudissait. Quand j'y repense, ça me fait rire.

À défaut du PUC et de Mathieu, j'ai décidé de miser sur Massy, pour le plaisir d'être coaché par son éducateur historique, Alain Gazon. Détaché par la mairie, il s'occupait des jeunes du club depuis trente ans. Il en a formé des champions, tels Romain Millo-Chluski ou Grégory Lamboley. Il m'a connu petit, avec Créteil-Choisy. De sa grosse voix, il me demandait régulièrement quand j'allais rejoindre Massy. J'ai ainsi cédé, à partir des cadets. J'avais aussi été sensible au fait qu'il prenne la peine d'aller jusqu'au fin fond de ma banlieue, à Quincy, pour discuter avec ma mère, qu'il avait déjà croisée sur les tournois. Massy, ce furent trois très belles années.

La génération 1988, les Arthur Joly, Romain Dibel ou Benjamin Tardy : une vraie bande de potes, tous ensuite passés professionnels. J'ai pu goûter, avec l'équipe fanion de Massy, à la Fédérale 1, l'équivalent de la troisième division. Le club disposait d'une belle génération. Il est dommage de ne pas avoir été plus loin en cadets que les quarts de finale du championnat de France. L'année suivante, en Crabos[1], nous nous sommes arrêtés contre Toulon ! Ensuite, j'ai été surclassé et, avec l'équipe première, nous avons échoué pour l'accession en Pro D2 en barrages contre Lannemezan.

Quelques mots sur cette commune des Hautes-Pyrénées, perchée sur un plateau à 600 mètres d'altitude. Alors que j'étais appelé par Bernard Laporte en juin 2007 pour effectuer une tournée en Nouvelle-Zélande, c'est face à Lannemezan que je me suis blessé au genou droit dans les dernières minutes du match, qualificatif pour les quarts de finale du championnat, ce qui m'a conduit à déclarer forfait. En janvier 2013, dans *L'Équipe Magazine*, je suis revenu sur cet épisode, assurant : « Lors de ma première convocation en Bleu, j'avais 18 ans, je jouais à Massy, en Fédérale 1. On disputait un match dans le trou du cul du monde, à Lannemezan. À l'échauffement, je découvre que des caméras de télé me suivent. »

---

1. Le nom du championnat junior, en hommage à René Crabos, théoricien du jeu, stratège et meneur d'hommes, ancien capitaine de l'équipe de France au début du XXe siècle.

Le maire de la ville a ensuite adressé un courrier à la Fédération et à *L'Équipe*, tandis que le président du club a envoyé un mail à la FFR, au RC Toulon et au comité Armagnac-Bigorre ! Ils en ont également profité pour m'égratigner dans *La Dépêche*. Je n'ai pas compris la polémique. Le journaliste de *L'Équipe Magazine* m'a demandé des souvenirs de ma première convocation, c'est pourquoi j'ai évoqué ce match de barrages avec Massy contre Lannemezan et l'étonnante présence de caméras car je n'étais pas au courant que j'allais être sélectionné. Je ne me souvenais plus de l'endroit où nous avions disputé cette rencontre de barrage, sur terrain neutre[1], alors j'ai dû dire : « Ce match contre Lannemezan, dans le trou du cul du monde... » Ce n'était pas péjoratif dans mon esprit et je ne visais pas cette ville particulièrement. Je me suis ensuite fait insulter, recevant par exemple des messages du type : « Le trou du cul t'emmerde ! » Les réactions indignées n'ont pas manqué alors que je n'ai jamais voulu insulter la ville de Lannemezan. Si cela avait été le cas, je me serais excusé. Mourad Boudjellal a trouvé la parade en adressant un courrier[2]

---

1. Le match a eu lieu au stade Alexandre-Cueille, à Tulle, en Corrèze.
2. La réponse de Mourad Boudjellal : « Même si je ne suis pas responsable des propos que Mathieu Bastareaud peut tenir, à titre personnel, je comprends votre réaction. Il semble que ces propos malheureux retranscrivent une pensée générale en prenant maladroitement un exemple certainement inadéquat. Encore une fois, je regrette que vous ayez été choqué. [...] Au demeurant, je puis vous assurer que Mathieu Bastareaud est un garçon charmant. Je ne manquerai pas de lui faire part de votre courrier. »

à leur président, lequel était accompagné d'un maillot du RCT.

Heureusement, ma carrière à Massy ne se limite pas à ce match à Lannemezan ! J'ai encore en tête les confrontations contre le Stade Français ou le PUC, assez chaudes car pour nous, issus de la banlieue, le PUC représentait un peu les bobos. Massy, en général, battait tout le monde. Lors de ma dernière saison dans l'Essonne, j'ai signé un précontrat avec le SU Agen, partenaire de Massy. Mais je ne l'ai pas honoré, ayant changé d'avis. À l'époque, je n'étais pas vraiment concerné et, en plus, je ne savais pas dire non, n'exprimant pas réellement ce que je voulais. Agen a réclamé une indemnité de 75 000 euros, en guise de compensation ! Cela s'est fini aux prud'hommes. Et j'ai gagné.

Pour moi, le précontrat était caduc puisque Agen venait d'être relégué en Pro D2. Je me suis rétracté pour signer au Stade Français, qui me sollicitait depuis longtemps. Dans l'histoire, mon club n'a pas été très réglo. Je ne suis d'ailleurs pas le seul à m'être fâché : Alain Gazon est lui aussi parti de Massy peu après moi, direction le Racing-Métro 92, en charge du recrutement des joueurs et des entraîneurs dans les sections jeunes. Il se trouve que l'homme d'affaires Alain Tingaud, alors président de Massy, allait devenir celui d'Agen. Il m'avait proposé de le suivre dans le Lot-et-Garonne. J'avais été naïf sur le coup. J'ai demandé à pouvoir parler avec Alain Tingaud, cela n'a pas pu se faire. Je garde de la tendresse pour Massy, excellent club formateur. Patrick Boullet à

Créteil et Alain Gazon à Massy sont deux éducateurs qui ont compté pour moi. Je sais ce que je leur dois. Et j'ai toujours avec moi un maillot des équipes avec lesquelles j'ai joué chez les jeunes.

J'ai passé un an au lycée Lakanal de Sceaux en sport-études. Je me mettais une telle pression que j'ai commencé à avoir des troubles du sommeil. Le trimestre était cher, mes parents payaient pour moi et j'avais peur de passer à côté. Je cogitais tout le temps, j'y pensais matin, midi et soir. Je n'avais pas le droit d'échouer. Lors des sélections, j'avais chaque fois la boule au ventre. La pression ne me lâchait pas. Je me la mettais tout seul !

Mes parents n'étaient pas au courant mais Lakanal, c'est aussi les quatre cents coups. Avec en plus des looks improbables, comme me teindre les cheveux en blond... qui ont ensuite viré au roux. Nos bêtises étaient plus celles de garnements. Nous étions deux par chambre. Le grand jeu, à l'internat, consistait à faire ses besoins dans un sac en plastique et à déposer celui-ci dans la classe ou derrière le radiateur dans la chambre d'un collègue. Pas très glorieux mais ça nous faisait marrer. Autre moment où l'on se défoulait : se réveiller à deux heures du matin, remplir un sac d'eau et le balancer sur le lit occupé par un pensionnaire, qui évidemment se réveillait, jamais de très bonne humeur....

Un jour qu'on avait entreposé dans notre chambre un sac d'excréments, nous avons tellement été incommodés par l'odeur que, à court d'idées, nous l'avons balancé par la fenêtre. Nous pensions que le sac allait atterrir dans le fossé en contre-bas sauf que nous n'avons pas mesuré notre force. Du coup, le sac a atterrit sur la route, provoquant un léger accident, heureusement sans gravité. Nous nous sommes immédiatement baissés pour ne pas être reconnus mais nous avons été dénoncés ! Ce genre de blague potache nous permettait de passer le temps et de nous souder. Car je n'ai pas eu une jeunesse ordinaire. Il m'était demandé de devenir professionnel de rugby mais, à dire vrai, ça ne me parlait pas beaucoup, je ne mesurais pas tout ce que cela impliquait.

Je n'avais pas envie de décevoir les gens, alors je disais oui à tout ou presque. Cela m'a desservi. Aujourd'hui, je parviens plus facilement à ne pas vouloir faire plaisir à la terre entière. Ce décalage avec les gens de mon âge, j'ai commencé à le sentir à Lakanal. Quand mes potes s'adonnaient à leur première sortie, je ne bougeais pas car j'avais match. Jongler avec les études, compte tenu du rythme et de la fréquence des entraînements, n'était pas non plus évident. Comme se faire de nouveaux amis. Mon cercle est resté le même, les fidèles du Quincy, que je connais depuis la maternelle : les indispensables Patrice, Soule et Laury. Ils sont comme mes frères.

À l'école, j'ai réussi à décrocher mon bac pro, en vente ; il a été étalé sur trois ans. J'avoue ne pas trop savoir comment j'ai pu obtenir le diplôme. Il y a sans doute eu quelques coups de téléphone qui ont aidé ! Tant mieux car, au Stade Français, sitôt après les entraînements, j'enchaînais avec les cours du CNED, le Centre national d'enseignement à distance. Je me sentais débordé. Une professeure venait également au centre et il m'arrivait de tomber de fatigue ! Le directeur ne me lâchait pas, il était très à cheval sur la scolarité. Bon, je peux le dire : j'ai séché quelques épreuves. Le bac pro en poche, j'ai enfin pu laisser tomber les études.

Dans mon escarcelle, en plus du bac, j'ai aussi obtenu mon BEP vente, une année suivie depuis le Pôle Espoirs, la seconde au Pôle France, à Marcoussis. Mon premier stage, je l'ai effectué dans un magasin de vêtements appartenant à Serge Blanco, avenue de l'Opéra, à Paris. Blanco, surnommé le Pelé du rugby, 93 sélections en équipe de France, était l'un des meilleurs joueurs de tous les temps, avant une reconversion exemplaire. Un Blanco président du Biarritz Olympique et vice-président de la Fédération. À la demande de cette dernière, il a rejoint en 2014 le staff élargi du XV de France. Il essaie d'apporter un peu de sérénité au groupe, dans un rôle de tonton ou de grand frère. Nous pouvons parler avec lui, il est ouvert, disponible et rigole avec nous. Bref, il apporte sa patte. Au fait, je ne lui pas encore dit que j'avais travaillé dans l'une de ses boutiques !

3
Le Stade Français
ou la perte de l'insouciance

L'image s'est durablement inscrite dans les mémoires et inspirera Clint Eastwood pour son film *Invictus*. Elle montre Nelson Mandela, le président de l'Afrique du Sud, élu un an plus tôt, remettre au Blanc François Pienaar, capitaine des Springboks, dont le prix Nobel de la paix 1993 porte justement la casquette et la tunique, le trophée de la Coupe du monde. Ce 24 juin 1995, à l'Ellis Park de Johannesburg, devant 62 000 spectateurs stupéfaits, le pays hôte vient de battre, aux prolongations, la Nouvelle-Zélande 15 à 12. Ce maillot vert marqué de l'antilope a longtemps été le symbole de l'apartheid, aboli quatre ans plus tôt ; d'ailleurs Chester Williams est l'unique joueur de couleur du XV sud-africain. La réconciliation de la nation arc-en-ciel est en marche. Cette finale du Mondial est, d'aussi loin que je me souvienne, le premier match de rugby que j'ai vu à la télévision. J'étais en Guadeloupe, je n'avais pas encore sept ans. Et, au-delà du charisme de Mandela, je ne regardais qu'un seul homme : Jonah Lomu,

53

20 ans. Le génial et géant All Black, en demi-finale, a terrassé à lui seul l'Angleterre, balayée 45 à 29 au Cap, en inscrivant quatre essais. Malgré la défaite face aux Springboks, le puissant ailier, rapide – capable de courir le cent mètres en moins de onze secondes – et explosif, sera élu meilleur joueur du tournoi. Lomu, avec son allure de rock star, ses mensurations hors normes (1,96 mètre pour 125 kilos), a accéléré l'entrée du rugby dans l'ère du professionnalisme.

Black, costaud et spectaculaire : Lomu est le premier joueur auquel je me suis identifié. Gamin, je voulais tout faire comme lui. J'ai même copié ses coupes de cheveux, dont celle à l'iroquoise. Dans le jeu, j'essayais aussi de lui ressembler : prendre le ballon et tout détruire sur mon passage ! Lomu m'impressionnait. Et je tremblais comme une feuille lorsque je l'ai vu pour la première fois. Même sentiment quand j'ai affronté l'autre joueur que j'admirais dans ma jeunesse, Tana Umaga, l'ancien capitaine des All Blacks, alors âgé de 35 ans. Après dix-huit mois sans compétition, il signait son retour avec Toulon, dont il était aussi le manager, et se déplaçait à Jean-Bouin. Ce jour de février 2009, nous l'avions emporté 22-12 avec le Stade Français et, en plus, j'avais marqué un essai. Si Lomu jouait trois-quarts aile, Umaga était trois-quarts centre. Comme moi. Je n'ai à proprement parler jamais quitté ce poste, qui me tient à cœur. C'est Patrick Boullet, à Créteil-Choisy, qui m'y a mis. J'ai bien tenté de me rebeller en catégories minime. Serge Betsen, comme troisième-ligne aile de Biarritz et de l'équipe de France, faisait un malheur. Comme il portait un casque, j'en avais aussi acheté un. Betsen, as du plaquage au point qu'il était surnommé la Faucheuse ou le Sécateur, était l'un des rares joueurs de couleur. Là encore, forcément, je me suis un peu identifié. Mais je suis vite revenu à la raison. « Tu seras centre et puis c'est tout », me lancera Patrick en me demandant de reprendre mon poste après que j'avais gratté un match en troisième ligne. Les gabarits comme le mien, pourtant, n'étaient pas si fréquents au centre. Les dirigeants ont commencé à rechercher des profils atypiques. J'étais frais, puissant, j'allais vite, j'étais dur en défense, je ne lâchais rien. Un joueur hybride, en somme. Avec des tâches à accomplir comme trois-quarts et comme troisième-ligne. Je sais faire, cela fait partie de mes qualités. Si mon jeu est dur, je ne suis pas dans l'agressivité. Je dois encore m'améliorer devant la défense, progresser dans ma qualité de transmission, analyser plus rapidement la situation. Être dyslexique, trouble soigné dans ma jeunesse mais dont je souffre encore ponctuellement, ne m'a sans doute pas aidé ! Malgré mes imperfections, après Massy, plusieurs clubs m'ont sollicité.

À défaut de rejoindre Agen, que je n'avais plus l'intention de rallier après sa descente en Pro D2, j'ai noué des contacts avec le Stade Toulousain. Un club historique dont je suivais de près les prestations. Jean-Michel Rancoule, ancien champion de France avec son club de cœur, alors en charge du recrutement toulousain, m'avait approché. Il faut dire que le premier appel du pied a émané de moi : j'avais laissé entendre à mon ami Mathieu Belie, jeune joueur du Stade, que j'étais intéressé. Pourtant, quand Rancoule m'a transmis une proposition, j'ai poliment decliné. En clair, je me suis dégonflé. J'avais peur de ne pas être à la hauteur. Toulouse me paraissait un défi trop grand.

Et c'est finalement au Stade Français, tout récent champion de France, que je me suis posé. J'ai signé en mai 2007, à quatre mois de mon dix-neuvième anniversaire. Jouer la Coupe d'Europe et le Bouclier de Brennus me semblait plus stimulant que la Pro D2 ! Et puis Paris, c'est ma ville, ma famille est toute proche et je n'avais pas envie de partir loin. Après l'avoir eu au téléphone, j'ai rencontré Max Guazzini dans une élégante brasserie de la porte d'Auteuil. Pour l'occasion, j'avais fait péter la chemise, le costard et les chaussures à pointe. Nous avons déjeuné ensemble. J'étais impressionné. Max, j'avais surtout l'habitude de le voir à la télévision. Un personnage, Guazzini[1] : ancien président du directoire de la radio NRJ, qu'il a cofondé, il a repris le Stade Français en 1992, alors en troisième division, l'a transformé et lui a permis de rafler cinq titres de champion de France en dix ans. Il a su trouver les mots pour me convaincre, sans forcer les choses ni sortir de grand discours. Il m'a expliqué avoir envie de me faire venir. « Tu es parisien, eh bien tu vas rester à Paris », a-t-il simplement convenu.

---

1. Il a aussi été chanteur, avocat et attaché de presse de Dalida. Guazzini est aujourd'hui vice-président de la Ligue nationale de rugby.

LE STADE FRANÇAIS OU LA PERTE DE L'INSOUCIANCE

Mon premier match dans le Top 14, l'élite du rugby, a été un calvaire. Quelques mois plus tôt, j'étais en Fédérale 1, disputant des Massy-Gennevilliers au stade Jules-Ladoumègue avec sa piste d'athlétisme autour du terrain. Et là, pour mes débuts, ce 3 novembre 2007, me voilà aligné au Stadium pour un Stade Toulousain-Stade Français. Je dois ma titularisation au centre au forfait de Brian Liebenberg. Face à moi, ce qui existait de mieux à l'époque : Yannick Jauzion, un physique imposant et un palmarès XXL[1]. Une référence à son poste en France et dans le monde. Un Jauzion bien entouré puisqu'il pouvait aussi compter sur le soutien de Clément Poitrenaud, Maxime Médard, Thierry Dusautoir, Yannick Nyanga, William Servat ou de la recrue néozélandaise Byron Kelleher.

J'ai beaucoup appris ce jour-là. J'ai presque été trop spectateur du match. Je n'étais pas fatigué mais je n'avançais pas. Je regardais les 36 000 spectateurs, l'ambiance dans les tribunes. Toulouse-Stade Français, c'était le classico du rugby, l'équivalent d'un Olympique de Marseille-Paris Saint-Germain. Ça me changeait des matches amicaux, disputés jusque-là avec le Stade. Contre les Rouge et Noir, cela allait à deux mille à l'heure. Je voyais des avions passer. Je n'arrivais pas à communiquer avec mes partenaires. Nous avons perdu 28 à 9, Vincent Clerc inscrivant

---

1. Du haut de son 1,93 mètre pour 107 kilos, Yannick Jauzion, né en 1978, c'est 73 sélections en équipe de France, trois victoires dans le Tournoi des Six Nations, trois fois champion de France et trois fois vainqueur de la Coupe d'Europe avec le Stade Toulousain.

deux essais tandis que David Skrela, par trois pénalités, nous épargnait le ridicule. Je n'étais pas loin de penser que c'était peut-être mon premier et mon dernier match dans le Top 14. Finalement, tant mieux, Fabien Galthié, le manager, m'a de nouveau fait confiance.

J'ai découvert la concurrence au Stade Français. Au centre, Brian Liebenberg et Geoffroy Messina avaient plusieurs longueurs d'avance sur moi. Mais la compétition ne m'a jamais effrayé. Mes quatre saisons parisiennes se sont révélées être une formidable expérience, exceptée la dernière, quasiment blanche mais dont je me suis nourri pour rebondir J'ai croisé la route d'entraîneurs de qualité et me suis fait des amis fidèles. C'est au Stade que je me suis révélé, que j'ai côtoyé le haut niveau et connu l'équipe de France. J'y ai croisé de super joueurs, tels Mathieu Blin, David Auradou, Pierre Rabadan, Juan Martín Hernández, Sylvain Marconnet, Pascal Papé, Sergio Parisse, Agustin Pichot, Lionel Beauxis ou Ignacio Corleto. Je ne suis pas mécontent d'avoir réussi à y faire mon petit trou.

Stéphane Glas, lui, m'a fait beaucoup rire. Finaliste de la Coupe du monde 1999, centre également, il était plutôt sur la fin de sa carrière de joueur quand je suis arrivé. Sa bonne humeur et sa joie de vivre étaient permanentes. J'étais le petit nouveau et il aimait bien me taquiner, me chambrer sur ma coupe de cheveux. Je me cherchais alors au niveau capillaire et il ne me loupait pas ! Je pense également à Guillaume

LE STADE FRANÇAIS OU LA PERTE DE L'INSOUCIANCE

Boussès, le révolutionnaire. On prétend que je suis râleur, mais alors lui... Notre histoire d'amour, si je puis dire, a commencé sur un exercice, lors de notre préparation à Tignes, mêlant vélo et course. Nous étions en binôme, je pense qu'il n'avait pas compris l'exercice. Nous avons été catastrophiques. À l'arrivée, je lui ai tout mis sur le dos, comme ça il a eu encore plus d'opportunités de se plaindre ! Au Stade, j'ai vu démarrer Rabah Slimani, qui a un an de moins que moi. Entre nous, une belle histoire d'amitié. Il est toujours pilier au Stade et, depuis février 2014 et sa première sélection, nous nous retrouvons en Bleu. Je suis le parrain de son fils, ce qui a renforcé nos liens. Il a probablement moins de facilités que moi mais c'est un gros bosseur. Un taiseux qui n'attire pas forcément la lumière, mais qui répond présent sur le terrain et dans la vie.

À Massy, je touchais 150 euros par mois. Suffisamment pour avoir une carte Visa Electron, dont je n'étais pas peu fier... Au Stade Français, j'ai commencé à vivre du rugby. D'abord un premier contrat Espoir, à 4 500 euros par mois. J'ai payé un loyer pour la première fois, je m'occupais des courses. J'étais souvent dans le quartier des Halles, où j'aimais me balader et sortir. La coupe de cheveux, elle, variait souvent : blond peroxydé, crête, dreadlocks, crâne rasé, etc. J'étais soucieux de mon apparence. Après les matches, j'aimais bien faire la fête, je l'ai toujours assumé. Je me laissais volontiers embarquer par les plus vieux. Direction le Café Oz, à Châtelet. Je n'étais pas non plus un oiseau de nuit. Dans ce milieu, les réputations sont vite établies. Il suffit qu'on te voit deux fois en boîte de nuit pour prétendre que tu y es tout le temps. Jamais je n'ai caché, à la différence d'autres joueurs préférant passer pour des saints, que j'aimais boire un coup le samedi soir dans la foulée d'une rencontre Les verres, je n'allais pas les boire tout seul !

J'ai souvent été jugé sur ce que je pouvais faire en dehors du terrain. Comme la fois où je suis allé célébrer l'anniversaire de ma meilleure amie à Nantes, avec mon coéquipier du Stade Français Arthur Joly et Jérôme Jacquet du Stade Rochelais. Nous avons eu droit à un encart dans la presse, qui prétendait que j'étais parti en virée et que j'effectuais la tournée des bars ! J'avais pourtant quartier libre pour le week-end et je ne faisais rien de mal. À part la volonté de nuire, à quoi sert-il d'écrire de telles choses ? Pas question de sombrer dans la paranoïa mais il faut être sur ses gardes. Comme avec tous ces articles qui m'ont été consacrés plus tard rappelant systématiquement au détour d'une phrase, comme une piqûre de rappel, « l'affaire Bastareaud », qui s'était pourtant déroulée quelques années plus tôt !

Lorsque je sortais à l'époque du Stade Français, j'étais avec une petite bande, une dizaine de gars de mon âge. Nous rigolions, nous nous amusions dans une ambiance conviviale. Le Café Oz, avec ses bières australiennes, était notre QG. Les gens ne nous reconnaissaient pas et nous pouvions plus facilement délirer. C'était l'occasion de draguer, de refaire le monde, d'évacuer la pression accumulée dans la semaine. Peut-être, parfois, arrivait-il que nous l'évacuions un peu trop d'ailleurs ! La priorité, naturellement, revenait au terrain. Sur une saison j'ai dû marquer huit ou neuf essais. Je ne cours pas après. Je ne suis pas un gros marqueur et je préfère au moins autant faire une offrande, créer une brèche, ouvrir et libérer des espaces pour les copains. Gratter un ballon décisif dans les cinq dernières minutes procure de belles joies. J'apprécie aussi les gros plaquages offensifs. En général, j'aime en administrer un très tôt dans la partie, façon de marquer mon territoire et de me donner confiance ! Mon rôle est d'user les mecs physiquement, de les éprouver, d'appuyer là où ça fait mal.

Après un match, je suis rarement content de moi. Je porte un regard critique sur mes performances. Si j'ai réalisé dix plaquages et que j'en ai raté un, je ne vais retenir que celui-ci. Je n'ai pas besoin de lire les notes dans *L'Équipe* ou *Midi Olympique* pour savoir si j'ai été bon ou non. Les coaches savent que je suis grognon alors, dans le vestiaire, ils me laissent faire redescendre la pression. Ensuite, seulement, on peut discuter ! Je ne revois pas mes matches. Mais je revis les actions mentalement, je les reconstitue dans ma tête. J'ai bonne mémoire. Si j'ai commis un en-avant, quand bien même la passe reçue était mauvaise, je me le reproche, j'essaie de voir comment j'aurais pu résoudre ce problème. Je ressasse les situations, les occasions ratées. Cela tourne dans ma tête et vire parfois à la torture ! Et si je fête la victoire, je dors rarement après un match. Je cogite, encore et toujours.

Mon poids, en revanche, ne me préoccupe pas. Je mesure 1,85 mètre pour 125 kilos environ. Assez vite, on a voulu me faire rentrer dans des cases, comme s'il fallait se soumettre à des normes physiques. Nous devions nous peser régulièrement, courir à telle vitesse, etc. J'avais l'impression qu'il n'y avait que ça qui comptait aux yeux des autres. Mais moi, je me sentais bien comme j'étais... J'étais parvenu à un bon niveau chez les jeunes en restant ainsi, je ne voyais pas de raisons de changer. « De toute façon, tu es trop gros, on va te faire perdre du poids » : ça, je l'ai entendu. On me l'a souvent rabâché. Jamais venant de mes parents mais plutôt des membres de l'encadrement. À force, cela a fini par rentrer dans ma tête, moi qui suis déjà de nature angoissée ! Je veux bien travailler pour être plus léger mais j'aime comprendre ce que l'on me demande. Quand accomplir des exercices spécifiques, faire de la musculation ou du vélo avant l'entraînement est bien expliqué et justifié, j'accepte sans souci. J'éprouve en revanche du mal à accepter qu'on m'impose des choses, surtout quand je ne sais pas pourquoi. Je peux alors vite me braquer.

Si mon poids ne m'a pas complexé, je redoutais néanmoins la pesée du lundi matin lorsque je rentrais le dimanche au Pôle France à Marcoussis. J'étais boulimique car rongé par le stress. J'étais tellement frustré la semaine au centre question alimentation que, le week-end, je me lâchais rayon nourriture.

LE STADE FRANÇAIS OU LA PERTE DE L'INSOUCIANCE

La fin du dimanche approchant, je commençais à culpabiliser, je craignais de me faire coincer. Je me regardais dans la glace, la panique était proche et je me faisais vomir. Cela a duré les deux ans à Marcoussis. Aujourd'hui, l'alimentation n'est pas une fixation mais je me surveille, j'arrive à me réguler, j'ai compris combien c'était important. Je connais mon corps. Je sais comment travailler pour être dans une forme optimale et au maximum de mes possibilités.

Ma boulimie m'a handicapé à un tel point que, alors au Stade Français, j'ai été à deux doigts de dire « merci pour tout » et de retourner au monde amateur... J'admets qu'il y a pu avoir du laisser-aller. En revoyant certaines photos, je me fais honte. Depuis, j'ai pris conscience que mon corps est mon outil de travail, je dois donc le soigner.

Jeune, mes qualités physiques hors normes me permettaient de survoler mes catégories d'âge. Le haut niveau, touché avec le Stade Français, m'a incité à opérer une bascule. J'ai établi notamment un programme, en lien avec la diététicienne de la Fédération française. Ève Tiollier est nutritionniste au pôle de médecine du sport de Marcoussis et au Centre national de rugby. Nos discussions m'ont plu, j'ai pu parler sans retenue.

Avec elle, je ne me sens pas jugé. À une époque, les lendemains de match, j'avais la flemme de me préparer à manger et j'allais au McDo. Au Stade Français, le responsable de notre suivi alimentaire me faisait penser à un colonel allemand. C'était horrible !

Ève, elle, est réceptive. Pendant un temps, j'étais capable de perdre du poids mais je faisais le yo-yo. Beaucoup, quand j'ai signé à Paris, pariaient que j'allais avoir envie de m'affiner en fréquentant au quotidien ceux qui posent pour le calendrier des Dieux du Stade. Mais pas du tout ! Aujourd'hui, je fais attention sans me priver. Auparavant, j'étais soit dans la privation, soit dans l'excès.

À Marcoussis, alors que l'on commençait à parler de moi au Stade Français, je me suis livré en toute confiance à un journaliste. Il avait su me mettre à l'aise et je me suis montré naïf. Je prenais tout à la rigolade. Je lui avais confirmé que, oui, il m'arrivait d'aller au McDo. L'article me faisait passer pour celui qui se moquait totalement de la diététique. Jean-Luc Arnaud, le préparateur physique du Pôle France, m'avait bien engueulé. Je me suis promis depuis de ne plus me faire avoir.

Avec le Stade Français, j'ai pu entendre jaillir des tribunes des insultes, venant de mecs raillant mon poids... Des spectateurs forcément très bavards depuis leur siège. Le sport moderne veut ça. Et puis je tiens à dire que j'ai posé deux fois pour le calendrier des Dieux du Stade ! J'en avais justement marre qu'on me traite de gros et je voulais montrer que je n'étais pas un loukoum ! Je ne suis pas mécontent du résultat, même si j'ai appris depuis qu'ils avaient utilisé Photoshop...

Longtemps, j'ai vécu comme un adolescent de mon âge et non pas comme un joueur professionnel. Il m'a fallu du temps pour me faire à l'idée que j'exerçais un métier. J'ai voulu profiter de ma jeunesse, me consacrer à la pratique du rugby certes, mais en délaissant le physique ou la musculation. Les exigences du Stade Français m'ont fait doucement corriger le tir. C'est dans ce club que j'ai arrêté de jouer pour le seul plaisir. La pression du résultat, celle des dirigeants, et tout ce qui va avec le professionnalisme, m'ont fait perdre mon insouciance. J'ai parfois la nostalgie de l'époque où je jouais avec Massy. Depuis, il est très rare que je rentre sur le terrain en pensant juste à m'amuser, en occultant les enjeux sportifs et économiques.

J'éprouve toujours la peur de l'adversaire, non pas d'un joueur précis, mais de l'ensemble de l'équipe en face. C'est dans ces moments que je me sens le mieux et que j'accomplis de meilleures performances. Par exemple, au Stade Français, dès que le Stade Toulousain se présentait – une référence –, j'avais la boule au ventre. Et, hormis pour mes débuts en Top 14, je m'en suis plutôt bien tiré. Le risque, si tu n'étais pas dedans, était de prendre cinquante points. À l'époque, contre les Rouge et Noir, comme face aux All Blacks, il était possible de repartir avec une valise. Et comme en plus j'avais Yannick Jauzion en face... Avant de tels chocs, j'arrivais au stade gonflé à bloc. Mais, plus le match arrivait et plus je perdais pied. Des images négatives commençaient à m'envahir. J'imaginais que je ratais un plaquage, la peur s'installait. Je n'ai plus cette sensation, heureusement. Mais je ne rentre pas sur la pelouse en me disant que c'est acquis. Je ne suis pas du genre non plus à toiser l'adversaire et à jouer de ma carte de visite. Au contraire, même. Je commence à devenir vieux et me dis parfois : « Le petit jeune, il est pas mal, ça va être compliqué, il cavale à deux mille à l'heure. » J'en ai croisé tellement au début qui me prenaient de haut. Une attitude hautaine qui décuplait alors ma rage pour les renverser !

En dépit d'un effectif de qualité, le Stade Français n'a pas étoffé son palmarès durant mon passage. Nous avons tout de même atteint, en mai 2011, la finale de l'Amlin Challenge, le Challenge européen, défaits d'un point (18-19) par les Anglais des Harlequins, à Cardiff. Parmi les entraîneurs qui ont compté pour moi à Paris, Fabien Galthié occupe une place à part. Le demi de mêlée[1] était un grand joueur, le manager possède aussi une sacrée allure. Il m'a lancé dans le Top 14, m'a montré sa confiance. Il est particulièrement pointilleux, réclame de la rigueur, vertu qu'il s'applique à lui-même dans tout ce qu'il fait. Les séances vidéo et les entraînements étaient carrés et précis. Il lui arrivait aussi de pousser des gueulantes. J'ai aimé travaillé avec lui. Jusque-là, l'aspect tactique n'était, disons-le, pas mon truc. Cela ne me parlait pas, je me contentais de plaquer des mecs et d'avancer ! Fabien m'a fait réfléchir sur le plan

---
1. 64 sélections en équipe de France, entre 1991 et 2003, dont 24 comme capitaine. Fabien Galthié a participé à quatre Coupes du monde et a remporté trois Grand Chelem. Il a achevé sa carrière de joueur au Stade Français sur un titre de champion de France, en 2003. L'année suivante, il devenait entraîneur du club.

LE STADE FRANÇAIS OU LA PERTE DE L'INSOUCIANCE

tactique, m'a permis de comprendre l'intérêt de certains mouvements, de certaines combinaisons afin d'amener l'adversaire à commettre une erreur et ainsi d'en profiter... Après Fabien, nous avons accueilli l'ancien pilier australien Ewen McKenzie, au management davantage anglo-saxon. Il avait heureusement enrôlé Christophe Dominici comme adjoint. C'est surtout avec lui que je bossais. Je tentais des choses et, quand ça ratait, il me chambrait à la vidéo. Mais jamais je n'ai joué aussi libéré et sans complexe qu'avec Christophe.

4

Affaire d'État

Napoléon Ier, Abraham Lincoln ou encore Winston Churchill. Autant dire que je voisine en prestigieuse compagnie. J'ai avec l'empereur des Français, le président des États-Unis et le Premier ministre britannique un point commun : je dors peu. Mais en revanche, plus gênant, je ronfle pendant les phases de sommeil. Et, apparemment, bruyamment. Si bien que, lors des rassemblements de l'équipe de France, je suis à l'isolement ! Je bénéficie ainsi d'un privilège d'ordinaire réservé uniquement au capitaine.

Au Centre national de rugby de Linas-Marcoussis, dans le domaine de Bellejame, à 30 kilomètres au sud de Paris, je n'ai en effet pas de voisin d'oreiller. Au sein de la résidence de l'équipe de France, dessinée sur l'emplacement de l'ancien château, personne ne veut dormir avec moi ! Une poignée d'autres joueurs du XV de France ont aussi droit à ce traitement de faveur, car ils sont de gros ronfleurs. Mais, par charité chrétienne, je ne les citerai pas... À Toulon, en revanche, je suis en « couple ». J'étais au début avec Steffon Armitage, je cohabite désormais avec son frère, Delon, international anglais lui aussi. Nous nous complétons : il dort tout le temps, la bouche ouverte, ce qui n'arrange rien ! Delon est un ami pour la vie. Quand je suis à Marcoussis, nous nous appelons, je prends des nouvelles de ses enfants. Il a une réputation sulfureuse[1] mais je connais l'homme. Je sais comment il est réellement et ça me suffit.

Avec les Bleus, j'aurais pu connaître la sélection dès le mois de mai 2007, à 18 ans et huit mois. Le 14 à 13 heures, alors que j'avais signé quelques jours seulement auparavant mon contrat au Stade Français, je suis appelé par Bernard Laporte pour la tournée en Nouvelle-Zélande qui devait se dérouler au mois de juin. Je joue alors à Massy, en Fédérale 1. Quatre heures plus tard, j'ai dû déclarer forfait à cause d'une blessure au genou survenue la veille en match de barrages avec Massy face à Lannemezan – la présence inhabituelle de caméras lors de cette rencontre aurait dû m'alerter... Sans ce coup du sort, j'aurais été le deuxième plus jeune international français de l'histoire, derrière Claude Dourthe, appelé en Bleu contre la Roumanie en 1966, à 18 ans et sept jours. J'aurais aussi pu être, après Jacky Bouquet en 1954 et Christophe Larroque en 1990, le premier joueur à être appelé sans avoir encore évolué en première division !

---

1. Lors de la finale de la Coupe d'Europe 2013 contre Clermont, Delon Armitage avait marqué l'unique essai de la rencontre, adressant au passage un geste moqueur à Brock James. Devant la polémique, il avait dû s'excuser. En décembre 2014, l'élégant arrière avait été sanctionné pour des propos tenus envers des supporters à l'issue d'un match de Coupe d'Europe, à Leicester.

Je ne peux même pas affirmer que j'ai été déçu. L'équipe de France me paraissait alors très, très loin. Je me suis parfois demandé : « Et si finalement j'avais fait cette tournée, mon destin aurait-il été le même ? » J'aurais sans doute été dépassé, ce qui aurait été normal. Mais si le scénario avait été différent, j'aurais pu, qui sait, être la surprise de la liste pour la Coupe du monde 2007 ? Et j'aurais aujourd'hui plus de 60 sélections... Sur le coup, je pensais plutôt à me soigner. Lorsque je suis rentré à Marcoussis me faire examiner par l'infirmière, celle-ci était catastrophée. Elle a tout de suite compris que c'était grave et que je devrais me passer des Bleus, dont la liste venait d'être communiquée. Elle semblait plus triste que moi. Je suis ensuite tombé dans les étages sur le bureau de comité de sélection, qui se réunissait. Bernard Laporte était là, Jo Maso, le manager général, aussi. Ils m'ont demandé ce que j'avais précisément, m'ont encouragé : « On part dans trois semaines. Soigne-toi bien, tu pars avec nous... »

L'IRM passée à Montlhéry a rendu son verdict : déchirure du ligament latéral interne du genou droit et fissure du ménisque ! Soit une attelle pendant dix jours. En clair, c'était mort pour la tournée en Nouvelle-Zélande. Si je suis passé à côté de quelque chose, je n'en ai pas tout de suite eu conscience. Je n'aurais pas été le premier sportif du département de l'Essonne à connaître les joies d'une sélection. Au Quincy-sous-Sénart et alentours, j'ai côtoyé d'autres athlètes de ma génération. Les frères Faty, Jacques et

Ricardo[1], jouaient au football à Épinay avec leur cousin Mickaël Tavares, international sénégalais, aujourd'hui aux Pays-Bas et qui habitait juste à côté de chez moi. Je pense également aux handballeurs Kévynn et Olivier Nyokas, eux aussi logés dans un bâtiment tout près de mon immeuble. Ils étaient un peu les grands frères, on se faisait des chasses à l'homme dans le quartier et, si tu te faisais attraper, tu passais un sale quart d'heure ! Les jumeaux Nyokas jouent en Allemagne. Kévynn a été champion d'Europe avec la bande de Nikola Karabatic en 2014, marquant deux buts en finale contre le Danemark, puis champion du monde l'année suivante au Qatar, étant même titulaire en finale. Nous avons grandi ensemble et nous prenons plaisir à nous croiser, à nous donner des nouvelles.

Ma première sélection effective intervient en 2009. Bernard Laporte devenu secrétaire d'État chargé des sports après la Coupe du monde, c'est Marc Lièvremont qui me convoque face au pays de Galles. Cette troisième journée du Tournoi des Six Nations se déroule le 27 février au Stade de France.

La façon dont j'ai appris ma convocation est cocasse. J'avais séché les cours qui suivaient la séance d'entraînement du Stade Français, achevée à

---
1. Capitaine des champions du monde des moins de 17 ans en 2001 en équipe de France, Jacques Faty est international sénégalais. Après avoir joué à Rennes, l'OM, Sochaux, Bastia ou en Chine, il a rejoint début 2015 l'Australie et Sydney. International sénégalais lui aussi, Ricardo joue au Standard de Liège, Belgique. Il est passé par Strasbourg, la Roma, Nantes, le Bayer Leverkusen ou Ajaccio.

17 heures, pour rentrer chez moi. Le téléphone sonne une première fois : appel de Christophe Dominici, l'entraîneur adjoint. Je ne réponds pas. Je n'ose pas écouter le message : je suis persuadé qu'il va me reprocher d'avoir zappé une fois de plus les cours. Puis au tour de Max Guazzini, mon président, de tenter sa chance. Je ne décroche pas, je préfère faire le mort. Dans mon for intérieur, je me dis : « Ils vont être déçus que je passe à côté de ma scolarité car ils misent sur moi et m'ont permis de pouvoir passer le baccalauréat sur plusieurs années. C'est chaud, je vais vraiment me faire tirer les oreilles. » Je me demande qui les a prévenus de mon absence. Je me résous enfin à écouter ma messagerie. C'est Christophe qui parle le premier. « Ouais minot, c'est Domi. Fais ton sac, tu dois aller à Marcoussis, ils t'attendent là-bas. » Puis c'est Max qui me félicite et m'annonce : « Mathieu, tu es convoqué ! »

Jo Maso me confirme que je suis appelé en équipe de France. Je prépare rapidement mon sac. J'appelle ma mère puis demande à un ami de me déposer à Marcoussis, la résidence des Bleus, que je connais par cœur. Le XV de France y est déjà réuni depuis plusieurs jours. Je remplace en effet Maxime Mermoz, le centre de Perpignan, qui s'est blessé à l'entraînement. En débarquant, je tombe immédiatement sur Émile Ntamack, l'entraîneur des lignes arrière. Je suis cueilli à froid : alors que je m'attendais à un mot de bienvenue, il me reprend aussitôt sur ma tenue. Il faut toujours porter le blazer et la chemise officiels de l'équipe de France, ce que j'ignorais.

À vrai dire, je ne connais quasiment personne. La première nuit, je la partage avec François Trinh-Duc, l'ouvreur de Montpellier, lui aussi venu pallier un forfait. Je lui ai pourri sa nuit, tellement j'ai ronflé. Dès le lendemain, il a demandé à changer de chambre et c'est ainsi que, depuis, je suis seul !

Marc Lièvremont parle peu, nos échanges sont rares. Sylvain Marconnet, l'ancien, mon équipier au Stade Français, de retour après une longue blessure et qui s'apprête à devenir le pilier français le plus capé avec 72 sélections, me prend sous son aile. Mon premier entraînement se déroule sans problème. L'équipe qui va jouer contre le pays de Galles, vainqueur l'an passé des Six Nations, nous est annoncée peu avant d'être communiquée à la presse. J'ai le bonheur d'en faire partie. Le XV titulaire a belle allure : Maxime Médard à l'arrière, Cédric Heymans, Yannick Jauzion, Julien Malzieu et moi, Morgan Parra et Benoît Baby à la mêlée, Thierry Dusautoir, Imanol Harinordoquy et Fulgence Ouedraogo, Lionel Nallet capitaine et Sébastien Chabal, Fabien Barcella, Dimitri Szarzewski et Sylvain Marconnet. Je n'ai curieusement pas beaucoup d'appréhension. J'ai déjà joué au Stade de France.

À l'échauffement, je croise Fabien Galthié, mon coach en club, consultant pour France Télévisions. Nous nous tapons dans la main. Je pense avoir livré un très beau match. J'ai joué les quatre-vingts minutes au côté de Jauzion, réalisé sept plaquages. Le XV de France s'est imposé 21 à 16. Ma mère était dans les tribunes, parmi les 79 660 spectateurs, toute ma famille aussi. Lorsque j'ai effectué le tour d'honneur

AFFAIRE D'ÉTAT

au coup de sifflet final, je leur ai sauté dans les bras. Une belle première, sur tous les plans.

« Bastareaud plein pot », titre le lendemain *L'Équipe*, qui me crédite de la deuxième meilleure note[1] derrière Thierry Dusautoir. Le quotidien m'a aussi inventé un surnom, qui va me coller à la peau et que j'aime bien : Basta Rocket. Allusion à mes dreadlocks, à mon style de jeu fonceur et à la comédie culte des années 90, *Rasta Rocket*, qui racontait l'épopée de quatre Jamaïcains, bien décidés à participer aux Jeux d'hiver de Calgary en bobsleigh à quatre. À l'étranger, j'ai aussi été surnommé The Beast, la bête, ou Big Dog, gros chien. Avoir des surnoms m'amuse plutôt. Cela me fait songer à l'univers des super-héros, qui en ont tous. C'est aussi un signe distinctif, de reconnaissance, d'identification. Et puis ça fait partie du folklore. Le match suivant avec le Stade Français, je marque un essai contre Bourgoin, que nous écrasons 53-3. Les supporters me réservent un accueil chaleureux[2]. À

---

1. Un 7,5 et ce commentaire : « Les centres et ailiers gallois se souviendront de lui. [...] Le Parisien a littéralement emmené son vis-à-vis sur ses épaules pour ensuite servir Malzieu. Même au niveau international, il dispose d'une puissance au-dessus du lot. Il peut être fier de sa première sélection. »
2. Dans son compte rendu, *L'Équipe* écrit : « Attention au phénomène. Sébastien Chabal jouera peut-être la saison prochaine au Racing-Métro mais, dans le genre brutal qui fait frissonner les femmes et rugir les hommes (ou l'inverse), un joueur du Stade Français pourrait lui ravir la vedette dans la capitale. (...) À chacune des interventions du nouveau centre international de vingt ans, le public a en effet poussé des "oh !", des "ah !", puis des "ouh !" quand il a envoyé toute la puissance de ses 112 kilos sur le pauvre Matias Viazzo, servi sur le reculoir... »

l'époque, je jouais à l'instinct, au feeling. C'est après la fameuse tournée en Nouvelle-Zélande que je me suis mis à réfléchir, à calculer davantage ; j'avais perdu confiance en moi, j'avais peur de mon ombre. Mais j'anticipe.

Je suis pour l'instant sur un nuage. J'avais déjà joué en équipe de France des moins de 18 ans, des moins de 19, de 20 et de 21 ans. Mais là, c'est la classe largement supérieure. Le niveau international est au-dessus de tout. C'est plus fluide, cela va deux fois plus vite, le temps pour prendre une décision est réduit, l'aspect tactique développé. Le match bascule sur des détails, ce n'est clairement pas le même monde. Tu es vite fixé sur le fait de savoir si tu as la carrure ou pas.

Christophe Dominici m'avait prévenu : « Minot, tu verras, la première sélection se passe toujours très bien. En revanche, fais gaffe à la seconde. » Il avait raison. Nous prenons une sévère déculottée à Twickenham (10-34) contre l'Angleterre, sous les yeux de mon cousin, le footballeur William Gallas, défenseur d'Arsenal et de l'équipe de France. Je connais ma troisième sélection le 21 mars 2009 à Rome. Le XV de France lamine l'Italie 50 à 8 et j'ai remplacé François Trinh-Duc à l'heure de jeu.

Deux mois plus tard, je fais logiquement partie de la liste des joueurs retenus par Marc Lièvremont pour la tournée en Nouvelle-Zélande et en Australie. Je suis évidemment ravi d'aller défier les meilleures nations dans l'hémisphère Sud mais, moralement, je ne me sens pas en bon état. La saison a été longue, très longue. Je n'ai que 20 ans et, si j'ai changé de dimension, je n'y suis pas préparé. Les sollicitations de toutes parts n'ont pas arrêté et je ne sais pas encore dire non... Je suis débordé. Avant de partir avec les Bleus, je pleure. Beaucoup. Et seul. Je me sens particulièrement fatigué, à bout de nerfs. Le Top 14 a été intense et éprouvant. Nous avons perdu en demi-finales du championnat de France contre Perpignan et je n'ai pas l'habitude d'enchaîner autant de matches. Bref, je suis sur les rotules. Je trimballe une dépression qui ne dit pas son nom. Avec le recul, des signes avant-coureurs auraient dû m'alerter. Je couvais quelque chose... Mes proches ne le ressentent pas car je suis très fort pour masquer les choses. Je n'ai pas envie que mon entourage s'inquiète. Et puis j'aime bien me débrouiller seul. Je ne suis pas du genre à demander de l'aide, même si j'ai depuis appris à le faire.

En Nouvelle-Zélande, je n'arrive donc pas dans un contexte très favorable. Je n'en dis rien au staff, ni à mes coéquipiers. Je ne vais tout de même pas me plaindre... Aller défier les All Blacks, c'était un rêve. À deux ans de la Coupe du monde qu'ils vont organiser, nous nous imposons 27 à 22 au stade Carisbrook, à Dunedin, devant 25 000 spectateurs. Un exploit, une magnifique performance, pleine de maîtrise : c'est la quatrième fois seulement, depuis 1979, que les Bleus triomphent des All Blacks sur leurs terres. Je suis titulaire, au centre au côté de Damien Traille, et je cède ma place à Yannick Jauzion à la

69ᵉ minute. Le second test match se déroule quelques jours plus tard à Wellington, la capitale. Mais, le 20 juin, sous la pluie, nous échouons sur le fil (10-14). Je suis remplaçant et je n'ai pas quitté le banc. J'en ressors frustré. Personne n'aime se sentir inutile. Le prochain match doit nous mener à Sydney, en Australie. Cela fait trois semaines que nous sommes en Nouvelle-Zélande.

Le soir du revers à Wellington, portant le blazer officiel des Bleus, je participe avec les autres à la réception officielle d'après-match. Elle se tient au musée national, le Te Papa Tongarewa, qui abrite les trésors de cette terre. Puis, afin de célébrer la fin de la saison et de ce mini-séjour au « pays du long nuage blanc », nous sommes nombreux à nous offrir une virée. La plupart des joueurs, sans le staff, partent en ville boire quelques verres. Nous sommes dans un établissement de nuit de Wellington, à cent mètres d'un autre bar où se trouvent la quasi-totalité des All Blacks. Je picole plus que de raison. En clair, je suis bourré. Vers 4-5 heures du matin, je rentre à l'hôtel, le Holiday Inn de Featherston Street. Je prends l'ascenseur avec Louis Picamoles et Fulgence Ouedraogo.

Je rejoins ma chambre dans un état pas très glorieux. Puis, en voulant ôter mes vêtements, je perds l'équilibre. Je titube et, par maladresse, je m'écroule sur le sol de tout mon poids. Dans ma chute, je fracasse la table de nuit de la chambre. Le choc est terrible. Je saigne un peu. J'ai mal, ma pommette gauche est explosée. Mais, surtout, je panique. Je suis jeune, je compte peu de sélections et je n'ai pas envie de me faire remarquer. Que faire ? Je croise Alexis Palisson qui, en voyant mon état, file réveiller le médecin de l'équipe de France. Le docteur Jean-Philippe Hager vient me recoudre. Il me demande comment je me suis fait cette blessure. J'aurais dû avouer : « J'étais bourré. » Mais je ne suis pas fier de ma conduite et j'ai peur d'être sanctionné. Je suis lâche. Alors, au lieu de dire la vérité et de faire confiance à l'encadrement, je vais élaborer un mensonge qui aura de lourdes conséquences. Je brode et lui annonce que j'ai croisé plusieurs mecs à l'angle de la rue en sortant du taxi et qu'ils m'ont violemment agressé. Sur le moment, je ne cherche pas à inventer une histoire. Mais, au fur et à mesure, j'improvise car d'autres explications me sont demandées sur la soirée. Piégé, car je me suis trop avancé pour faire machine arrière, je m'enfonce dans mes mensonges, confirmant qu'en rentrant de virée j'ai été pris dans une bagarre et agressé par cinq Néo-Zélandais. Je ne perçois pas encore le caractère raciste de l'attaque que cela pouvait induire.

Je sais, j'ai été stupide de prétendre cela. En me confiant au staff, je ne crois pas moi-même à ce que je raconte. La vérité éclatera mais, de toute façon, j'aurais fait mon mea culpa. En public, comme j'ai dû m'y résoudre, mais avant tout face au groupe que j'avais trahi. Je me sentais vraiment honteux vis-à-vis d'eux. Oui, ça peut paraître stupide de tomber sur sa table de nuit. Je sais que beaucoup ont du mal à l'admettre mais c'est la vérité. Je me suis assommé tout seul, en tombant, alors que je voulais me déshabiller. En me relevant j'ai immédiatement senti que c'était ouvert. Le médecin a constaté un traumatisme facial important et m'a posé trois points de suture. J'ai l'œil gauche presque fermé, la pommette gauche gonflée.

Le dimanche matin, soit quelques heures plus tard, je suis soumis à un examen radiologique. Il ne relève aucune fracture. La Fédération me demande si j'entends porter plainte auprès de la police ; je m'y refuse. La FFR adresse tout de même un courrier officiel à son homologue néo-zélandais afin de lui expliquer les faits. En début d'après-midi, je décolle de Wellington avec le groupe, direction Sydney, à trois heures d'avion. Moins de vingt-quatre heures plus tard, le visage toujours tuméfié que je cache sous une capuche, j'embarque sur un vol de la compagnie Qantas. Devant le choc physique et psychologique, le staff des Bleus m'a en effet proposé de rentrer à Paris. Yannick Jauzion, et Louis Picamoles, blessés eux aussi, aux cervicales, sont avec moi dans l'appareil. Je suis soulagé de pouvoir passer à autre chose, du moins j'espère que je vais pouvoir le faire. Sauf que je n'ai pas mesuré que j'allais me retrouver au cœur d'une affaire d'État...

J'atterris le mardi 23 très tôt à Roissy, après un long voyage depuis Sydney via Singapour. Pierre Camou, le président de la Fédération, est présent pour nous accueillir. À l'aéroport, à ma grande surprise, je constate également la présence de nombreux journalistes et photographes. En Nouvelle-Zélande, le soufflé ne retombe pas. Le fait divers de l'agression passionne les foules et captive les télévisions du pays, qui en parlent en boucle. Le patron de la Fédération néo-zélandaise s'excuse une fois de plus : « Ce genre de choses ne devrait pas arriver dans notre pays, nos visiteurs ne devraient pas être exposés à une sauvagerie pareille. » Le maire de Wellington explique que cette agression est « une honte » pour la capitale. « Je vais écrire à M. Bastareaud et à l'encadrement français pour leur présenter mes excuses. Je reste persuadé que cela demeure un incident isolé, mais pour une ville comme la nôtre qui a toujours été un lieu sûr pour les visiteurs, c'est un comportement inadmissible. Un acte déplorable, odieux et lâche ! Et j'espère que les cinq responsables seront dénoncés par leurs proches. » Le Premier ministre, par ailleurs ministre du Tourisme, assène à son tour : « Je n'aimerais pas qu'un tel incident puisse ternir la réputation de notre pays. »

L'« agression », en plus, a eu lieu à une centaine de mètres du bureau des organisateurs de la Coupe du monde 2011. C'est le branle-bas de combat. Un site Internet lance même un appel à d'éventuels témoins de l'incident ! La police de Wellington signale que la soirée de samedi a été plus mouvementée que d'ordinaire, avec au total trente arrestations, dont trois au stade.

De mon côté, je suis dans ma bulle, déconnecté. J'ai tout coupé. Et je suis très mal. Je me contente d'un communiqué via le Stade Français, révélant :

« Je suis surpris par l'ampleur médiatique. Il m'est arrivé un incident qui peut se produire partout et toucher n'importe qui. Je n'ai pas souhaité porter plainte car j'ai envie de passer à autre chose rapidement. » J'ajoute que le moral va bien, que la page se tourne, que j'ai été touché des messages de soutien et que, désormais, place aux vacances, sans doute en Guadeloupe. Au fond de moi, je ne suis pas fier. Pourquoi ai-je affirmé que je m'étais battu dehors ? Trop tard. L'enquête progresse. Je ne suis pas auditionné mais j'ai une conversation téléphonique avec le responsable de la police dévolu à cette affaire. Le mercredi 24 juin, trois jours avant le match du XV de France à Sydney, un journal télévisé néo-zélandais révèle que des images de vidéosurveillance montrent que, en rentrant à l'hôtel, je n'étais pas blessé. Il est donc avéré que j'ai menti !

Je savais bien que j'avais été filmé par les caméras de l'ascenseur de l'hôtel. C'est d'ailleurs à partir de ce moment-là qu'ont commencé à fleurir les rumeurs les plus folles. Tout a été dit : que j'étais rentré avec d'autres joueurs et des filles, que je m'étais battu avec Thierry Dusautoir ou Sébastien Chabal. Bizarrement, que des cadres... Je n'ai pas répondu aux rumeurs. Je m'étais réfugié dans le mutisme. Peut-être que, si j'avais pris la parole plus tôt, ces légendes urbaines et ces théories farfelues ne seraient pas sorties. Naïvement, je pensais : « Laisse les gens parler, ils ne pourront pas inventer. » C'est, évidemment, tout le contraire qui s'est produit...

Devant l'incompréhension générale, dans l'après-midi du 24 juin, toujours via un communiqué du Stade Français, je donne une nouvelle version À savoir que, en état d'ébriété, j'ai chuté et heurté à la table de chevet de ma chambre, ce qui est la triste réalité. J'ajoute : « J'ai eu honte et j'ai paniqué. J'ai raconté cette histoire pensant que cela allait passer, mais vu l'ampleur que cela prend, je préfère raconter la vérité. » Je suis au fond du trou. À la lueur des rumeurs, je suis conscient d'avoir jeté le discrédit sur le groupe.

Des joueurs mariés ont les oreilles qui sifflent, à cause de moi. Peut-être ai-je mis leur couple en difficulté. Cela ajoute à mon sentiment de culpabilité, déjà grand. J'ai vraiment l'impression de trahir tout le monde. Une virée nocturne qui n'aurait jamais été connue sans moi est étalée sur la place publique. Des joueurs sont dans la lumière par ma faute, qu'ils soient en tort ou pas. Des choses qui doivent rester dans l'intimité de l'équipe sont commentées, disséquées à cause de mon mensonge. En une poignée de jours, ma vie change de dimension. À l'époque, je n'avais pas forcément les armes pour réagir. J'étais jeune, convaincu que tous les médias étaient mes amis... Personne n'agissait dans l'ombre pour me conseiller dans ma communication, pour m'aider, tout simplement. Je n'avais rien, nada. Avec les bagages dont je dispose aujourd'hui, je suis sûr et certain que ce ne serait pas arrivé.

Le jeudi 25 juin, la police néo-zélandaise classe l'affaire sans suite. Il est inutile de refaire l'histoire.

Cet épisode, qui m'a causé tant de tort, m'appartient. Il fait partie de moi. J'ai conscience qu'il m'escortera jusqu'au terme de ma carrière. Je devrai même le porter comme un fardeau jusqu'à la fin de ma vie. Pour l'heure, je ne suis pas au bout de mes surprises, si je puis dire. En Nouvelle-Zélande, je suis devenu l'ennemi public numéro un, les journaux rappellent les centaines d'essais nucléaires français dans le Pacifique sud ou le sabotage du *Rainbow Warrior*. Le 30 juin, alors que je suis hospitalisé pour de graves troubles psychologiques, le Premier ministre François Fillon prend la plume et écrit à John Key, son homologue néo-zélandais. Les mots sont durs. Il met en avant mon « comportement injustifiable » et explique : « Par ses déclarations mensongères, Mathieu Bastareaud a gravement porté atteinte à l'image de votre pays et de ses habitants. Croyez bien que je déplore cet incident. » Le Premier ministre conclut ainsi sa missive, rendue publique : « Nos deux pays partagent la culture du rugby. Ce sport a toujours permis à nos deux nations de se retrouver et de se respecter mutuellement. Je souhaite que ces sentiments perdurent après cet événement regrettable. » Je ne peux pas dire que cela m'ait touché. À ce moment-là, tout me passait au-dessus de la tête, Fillon ou pas.

Je ne suis pas fier de moi. J'ai été malhonnête, j'ai menti, j'ai trahi les gars. J'avais accepté d'être rapatrié en France pour fuir mais, encore une fois, si les caméras de vidéosurveillance n'avaient pas parlé, je n'aurais pas pu continuer à faire semblant longtemps. Quand tout a explosé, cela a été terriblement violent. Je n'ai jamais cherché d'excuse. J'ai merdé, point. J'étais déjà mal dans ma peau avant de partir en Nouvelle-Zélande, autant dire que cela a accentué mon état. Je me sentais inutile. Je voulais disparaître, tout simplement. Il me faudra du temps pour me reconstruire. Et pour retrouver l'équipe de France.

5

Idées noires

J'ai longtemps vécu dans le monde merveilleux des Bisounours, celui, si idyllique, où tout le monde est tellement gentil et affectueux. Je me souviens d'une phrase du film culte *La Haine*, de Mathieu Kassovitz, qui annonce en voix off : « C'est l'histoire d'un homme qui tombe d'un immeuble de cinquante étages. Le mec, au fur et à mesure de sa chute, se répète sans cesse pour se rassurer : "Jusqu'ici tout va bien, jusqu'ici tout va bien, jusqu'ici tout va bien." Mais l'important, ce n'est pas la chute, c'est l'atterrissage. »

Ma chute a été violente, l'atterrissage tout autant. Après ce qui est devenu « l'affaire Bastareaud », provoquée par mon mensonge en Nouvelle-Zélande, j'ai pu opérer un tri parmi mes amis et savoir lesquels étaient les vrais ! Aujourd'hui, quand Toulon joue à l'extérieur, il m'arrive encore d'entendre à l'échauffement quelques réflexions faisant référence à la table de nuit. Ce n'est pas un sujet tabou. Je suis en paix avec moi-même. Et je tiens, à travers ce livre, à être le plus honnête possible. Oui, j'ai fait une connerie. Une connerie qui a eu d'énormes répercussions, parce que commise au sein de l'équipe de France de rugby, dans le pays où allait se dérouler quelques mois plus tard la Coupe du monde. Sur le coup, désolé, je n'ai pas pensé à tout cela !

Pour rebondir, il convenait d'avoir la force, le cœur et le mental. J'ai heureusement été bien entouré, par ma famille, mais aussi par Max Guazzini ou Christophe Dominici. Cet épisode est le point le plus négatif de ma carrière. Je m'étais d'ailleurs fait cette réflexion : « J'ai 21 ans, il me reste du temps pour faire fermer les bouches de certaines personnes. » Car j'ai morflé.

Ce qui m'a le plus agacé n'est pas l'incident diplomatique avec la lettre de François Fillon, Premier ministre de l'époque, mais les clichés véhiculés après Wellington. « Mathieu Bastareaud est un gamin qui a poussé en banlieue, c'est normal qu'il soit ingérable. » Voilà le genre de remarques qui ont proliféré. Pourtant, jamais avant cette histoire je n'avais rencontré le moindre problème de comportement en sélection et en club. Et jamais depuis non plus. J'ai été gêné que l'on essaie de me faire passer pour une petite frappe. Pour quelqu'un que je ne suis pas. Sur le moment, je n'ai pas émis le souhait de répondre aux jugements péremptoires des uns et des autres, ceux qui parlaient de ma personnalité sans me connaître. Je pensais que répliquer allait leur donner du crédit, que me justifier renforcerait leurs convictions. J'ai laissé dire et cela a empiré.

C'est allé si loin que, un jour, j'ai reçu un appel de mon oncle maternel, dont je suis proche. Il me téléphonait depuis la Guadeloupe, paniqué. « Mathieu, il faut que je te parle. Cela ne va pas du tout, me dit-il, arrête tout de suite tes conneries ! » Je marque mon étonnement. Et lui d'enchaîner : « On m'a prévenu... Il paraît que tu as de gros soucis de drogue, d'alcool et de filles... » Je suis tombé des nues. J'avais été décrit comme un petit caïd des quartiers. J'enrageais car ma famille aussi était atteinte. Quand j'ai ensuite tenté de me défendre et de rétablir certaines vérités, j'ai été maladroit. Ce que j'ai avancé pour m'expliquer a pu être mal interprété. Je me suis enfoncé dans une sorte de paranoïa où, quoi que je dise, quoi que je fasse, c'était mal. J'ai ensuite produit moins d'efforts pour me faire comprendre.

Cette période a été particulièrement compliquée et douloureuse. Au retour de l'hémisphère Sud, je suis resté reclus à la maison. Je n'étais pas bien. Je ne trouvais pas le sommeil. J'ai de manière générale besoin de médicaments pour dormir, et cette fois plus encore qu'à l'accoutumée. Je n'étais pas en paix avec moi-même. Peut-être que la plupart m'avaient pardonné mais moi, je ne l'avais pas fait. Lors de mes rares sorties, j'avais le sentiment que les regards étaient systématiquement braqués sur moi. Mes petites crises, avec lesquelles j'avais appris à composer, devenaient plus fréquentes. Des crises qui me conduisaient, au beau milieu de la nuit, à me sentir oppressé. À avoir chaud, puis à avoir froid. À rentrer dans une forme de psychose. Je ne comprenais pas ce qu'il m'arrivait. J'ignorais que je traversais tout bonnement une dépression. Personne ne l'avait vue venir. Au médecin qui m'interrogeait sur mon état, je rétorquais que tout allait bien. Habitué à me débrouiller seul, je ne voulais pas déroger à la règle, malgré les circonstances. Par fierté, par orgueil. À mes yeux, je m'étais mis dans le pétrin tout seul, eh bien je m'en sortirais tout seul ! Mais pour cela, il fallait que je m'inflige une punition. Je m'étais persuadé que j'étais un mauvais type. J'étais vraiment au fond du trou... Et j'ai craqué. Heureusement que mes amis les plus proches étaient à ce moment-là dans la maison.

Car, oui, j'ai tenté de me suicider. J'allais dire, pour une histoire toute bête... Un soir, j'étais dans ma chambre, devant l'ordinateur. En surfant sur Internet, je suis tombé sur une page où l'on se défoulait sur moi. Pas un article mais des commentaires anonymes, sur une page Facebook ou autre. J'y ai lu les pires horreurs me concernant. C'était d'une telle violence...

D'un coup, c'en était trop. J'ai eu envie de partir. De dire stop, c'est fini. Alors je me suis levé d'un bond, je me suis dirigé d'un pas décidé vers la cuisine. J'ai saisi un grand couteau et je me suis tranché les veines. Je me suis aussitôt écroulé sur le sol, tombant dans les pommes. Mes potes dans le salon ont tout de suite compris. Ils ont vu le couteau, le sang, et moi étendu sur le sol, évanoui. Ils ont immédiatement appelé les secours. Le bruit de ma chute, même le voisin du dessous a dû l'entendre : je ne suis pas pécisément ce qu'on appelle un poids plume...

Je ne sais pas si je voulais réellement mourir. En tout cas, je voulais me faire souffrir. Souffrir pour me punir. Aujourd'hui, même si je savais qu'à l'époque j'étais particulièrement à fleur de peau, je me demande comment j'ai pu commettre un tel acte et en arriver là. J'ai fait beaucoup de mal à ma famille. Elle a été un peu perdue car je l'avais mise à l'écart pour ne pas la gêner. Eux n'avaient rien demandé et, pourtant, ils en bavaient par ma faute. Peut-être qu'au fond, mon geste était un appel à l'aide ? Quand tu entends partout à longueur de journées que tu n'es qu'un minable, qu'en gros tu ne mérites pas d'être là – ce n'est jamais dit en face, telle est la magie d'Internet et des réseaux sociaux où règne l'anonymat ! –, tu as beau faire le mec détaché, tu commences à le croire. S'en sortir est inextricable, d'autant que je ne laissais rien transparaître. Au contraire, je m'isolais. Ou, quand je sortais avec les copains, je buvais comme si de rien n'était. Non pas pour l'euphorie que peut procurer l'alcool mais pour me faire mal. Mon mal-être était profond. Je souriais en public mais, sitôt revenu à la maison, j'étais seul. Et je cherchais une branche à laquelle me raccrocher désespérément.

Les secours sont heureusement vite arrivés. Ma cicatrice, elle, est toujours là ; je la cache par un tatouage. Après un court séjour à l'hôpital Ambroise-Paré, à Boulogne-Billancourt, j'ai été admis dans un établissement spécialisé de la région parisienne afin de bénéficier du calme le plus total. Sans la présence de mes amis, mon geste aurait été fatal. Sans ma bande des quatre fantastiques – Patrice, Soule et Laury, que je connais depuis Quincy, et Yannick, rencontré au Stade Français –, je ne serais certainement plus là. Au-delà de ce qui m'est arrivé, un lien puissant nous unit. On a beau parfois s'engueuler, on se pardonne toujours. Quand j'ai chuté dans la cuisine, ils ont été dépassés par mon attitude mais ont eu le bon réflexe, ont appelé le Samu et les pompiers. J'ai été pris en charge grâce à eux.

Mathieu Blin a été le premier joueur à me rendre visite à l'hôpital. Il était choqué car lui non plus n'avait rien senti : je faisais illusion, je rassurais exagérément quand on demandait de mes nouvelles. Aujourd'hui manager d'Agen, ancien président de Provale, le syndicat des rugbymen professionnels, Mathieu était à l'époque talonneur du Stade Français. Il a dix ans de plus que moi et je le considère comme un grand frère. Il a toujours été derrière moi, j'ai une totale confiance en lui. Pierre Rabadan, notre capitaine au Stade, était également venu me voir. Comme Christophe Dominici, l'entraîneur adjoint, dont j'étais si proche. Lui aussi a été hospitalisé pour une dépression nerveuse, en 2000, après avoir pourtant inscrit pile un an plus tôt un essai historique en demi-finales de Coupe du monde contre les All Blacks[1].

---

1. Plongé dans une cure de sommeil à la Clinique du sport, à Paris, l'ailier du XV de France expliquera à propos de son surmenage : « Cela faisait vingt-quatre jours que je ne dormais plus, ou très mal. » Pour Christophe Dominici, c'était le contre-coup de trop d'émotions, comme la mort de sa sœur aînée alors qu'il avait 14 ans ou la rupture avec sa femme.

À dire la vérité, je ne m'étais jamais vraiment intéressé à ce qui lui était arrivé ; j'ai lu plus tard son autobiographie, *Bleu à l'âme*[1], très réussie. Christophe et moi, nous nous ressemblons beaucoup Nous sommes tous deux hypersensibles. L'affection, nous en avons besoin et nous la cherchons. Il a été important pour moi. À l'entraînement, il me surveillait avec attention. Il avait connu cela, donc il pouvait deviner ce que je ressentais. Souvent, il venait me récupérer à la maison, m'emmenait manger. Il a pris soin de moi et, forcément, ce que j'ai vécu a renforcé nos liens, même si je ne suis pas très démonstratif.

Et que dire de Max Guazzini, mon président au Stade Français ? Il est l'un des rares à m'avoir sorti la tête de l'eau, en me montrant par exemple qu'il y avait plus grave dans la vie, ou en me disant que j'étais quelqu'un de bon. Il a aussi géré ma communication, quitte à brouiller les pistes[2]. Avec un tel personnage à mes côtés, je ne pouvais que remonter la pente. Je savais que, coûte que coûte, il m'aiderait. Max a su tisser un cordon autour de moi quand j'ai été hospitalisé. Il m'a protégé, placé dans une bulle, évité les sorties de route.

---
1. Cherche-Midi, 2007.
2. Max Guazzini est intervenu dans l'émission Stade 2 du 5 juillet 2009. « Si Mathieu ne dit pas la vérité, c'est peut-être parce qu'il protège des gens... Et, dans ces conditions, s'il protège quelqu'un, que les personnes aient le courage de se dénoncer ! » avait-il lâché. Avant d'admettre quelques années plus tard dans *L'Équipe* : « Honnêtement, je n'en savais rien si d'autres joueurs étaient impliqués. Si j'ai dit ça, c'était pour protéger Mathieu coûte que coûte, en lançant les journalistes sur d'autres pistes... »

Le succès de ma réhabilitation est aussi le sien. Il m'a présenté l'avocate du club, a organisé ma première conférence de presse post-Nouvelle-Zélande. J'ai aussi apprécié qu'il m'ait toujours fait comprendre que m'aider lui était naturel. Pour lui, je n'avais pas à me sentir redevable. Il s'est comporté comme si j'étais un membre de sa famille, il m'a parlé comme à son fils. Quand je le croise encore aujourd'hui, je le prends dans mes bras : j'essaie de lui transmettre tout l'amour que j'ai pour lui, et pas seulement en raison de son comportement lors de cette période. Bien sûr, nous nous sommes un peu fâchés quand j'ai décidé de partir pour Toulon. Mais cela n'a pas entamé notre relation. Je ne le remercierai jamais assez de tout ce qu'il a fait.

Au-delà, Max a fait rentrer le rugby dans une nouvelle ère, entre les matches au Stade de France, les calendriers des Dieux du Stade, les maillots roses, le spectacle permanent, les titres. Il a été un président papa poule, proche des joueurs, prêt à les épauler dans le rugby et ailleurs. Lors du repas hebdomadaire auquel il nous conviait, il prenait plaisir à discuter et à rigoler avec nous. Son discours d'avant-match était attendu. Sa proximité avec nous était réelle.

Je n'ai mesuré que plus tard ce que mes parents ont subi. Entre le journaliste qui a sonné à la porte de chez ma mère, son collègue qui a appelé mon père afin d'essayer de me parler ou un autre encore qui m'a inventé un casier judiciaire, c'était à celui qui obtiendrait l'information la plus trash !

J'étais devenu une brebis galeuse. Un événement me l'a démontré, rapporté par une personne que j'ai connue au Pôle France. À Marcoussis, où j'ai été hébergé plus jeune et qui est aussi la résidence du XV de France, il est de tradition d'afficher aux murs de la réception la photo sous cadre des joueurs passés par le Pôle et devenus internationaux. Mon rêve était d'y figurer un jour. Après ma première sélection contre le pays de Galles, j'ai eu droit à mon tableau d'honneur, bien au centre dans le hall. J'ai vécu cela comme une consécration. Après la Nouvelle-Zélande, il a été demandé de retirer le cliché du mur. Celui qui m'en a informé a dû obtempérer. Je faisais désormais tache dans le décor ! Des dirigeants fédéraux ont donc exigé que je sois rayé du paysage. Ce geste veut dire beaucoup, il résume ce qu'on pensait de moi en haut lieu.

Même aujourd'hui, quand je retourne à Marcoussis avec le XV de France, je perçois des regards pas toujours très francs ni amicaux. J'ai eu l'impression, en revenant, d'être en milieu hostile. J'ai pris une grande claque après ce qui m'est arrivé. Le téléphone sonnait moins souvent. Quand tout va bien, que ton ascension est régulière et que tu es le joueur *bankable* du moment, tout le monde veut te payer à boire, te présenter à untel, te rappeler combien tu es génial. Mais quand une blessure, une méforme ou un autre événement surviennent, il n'y a plus personne. Ce n'est pas propre au rugby. J'ai appris à faire le tri, à biffer des noms de mon répertoire et à ne pas à leur répondre quand ils voulaient rappliquer après ma

« rédemption ». Cela a eu le mérite de me rendre plus lucide sur certains aspects. J'ai arrêté de penser que tout le monde m'aimait pour moi. Ce qu'ils voulaient, c'était Bastareaud, pas Mathieu ! Lorsque tu t'estimes trahi, tu te renfermes encore davantage.

Le 29 juillet 2009, j'ai repris l'entraînement avec le Stade Français. Dans la discrétion, à Tignes, en Savoie, où mon équipe était en stage de préparation à l'approche du début de saison. Afin d'éviter la foule et les médias, j'étais arrivé la veille au soir, en voiture, avec un dirigeant du club. Mes partenaires, eux, étaient arrivés en train le jour même. Ça ne s'invente pas : notre terrain durant le stage s'appelait le stade Éric-Cantona ! Un joueur au caractère bien trempé...

À la mi-août, lors de l'ouverture du Top 14, je suis rentré à l'heure de jeu contre Toulon. Mon premier match officiel depuis la tournée des Bleus ! Le 28 septembre, la commission de discipline de la Fédération française a rendu son verdict, quelques jours après m'avoir auditionné. Elle a confirmé que les faits reprochés constituaient une « atteinte à l'intérêt supérieur du rugby » et, en conséquence, m'a suspendu de compétition trois mois. Trois mois qui, en application du règlement disciplinaire de la FFR, sont remplacés « par l'obligation d'accomplir dix-huit activités d'intérêt général, au bénéfice du rugby amateur avant le 30 juin 2010. Si celles-ci ne sont pas effectuées dans les délais impartis, la suspension prononcée sera exécutée ». Je n'ai pas fait appel de cette décision. J'étais même soulagé. Et enchanté de pouvoir travailler auprès des jeunes et contribuer à réparer le tort causé au staff de l'équipe de France et à mes coéquipiers.

Le 27 octobre, quatre mois après les faits et à la veille du début de mes TIG, alors que je m'étais muré dans le silence, j'ai donné une conférence de presse. Elle s'est tenue au stade Géo-André, lieu d'entraînement du Stade Français. Accompagné de Max Guazzini, j'ai présenté mes excuses, répondu aux rumeurs. J'ai été clair et net. Je n'avais pas appris un texte par cœur pour le réciter. J'ai parlé avec franchise, répondant aux questions du parterre de journalistes. J'ai livré ma version afin de démentir celles qui circulaient, assurant par exemple : « Quand j'entends qu'un ou deux joueurs m'ont frappé, c'est faux. Je veux qu'on arrête avec ça. Ça m'embête qu'on ait pu mettre certains joueurs en difficulté alors qu'ils n'ont rien à voir là-dedans. Je le répète : il n'y a pas d'histoire d'autres joueurs, de bagarres, de coups de poing. Je ne vois pas pourquoi je me battrais avec des joueurs de l'équipe de France. C'est ma bêtise, c'est à moi de l'assumer. »

Cette conférence de presse m'a libéré. À partir de ce moment-là, dans mon esprit, « l'affaire » était close. Page tournée. J'entamais le début de quelque chose d'autre. Une nouvelle histoire pouvait ainsi démarrer. Enfin... j'avais touché le fond du fond, j'allais maintenant vérifier si je possédais l'énergie et les tripes pour remonter ! Le lendemain de ma mise au point, pendant que Marc Lièvremont annonçait depuis Marcoussis sa liste de trente joueurs pour les trois tests de novembre contre l'Afrique du Sud, les Samoa et la Nouvelle-Zélande, dont je ne faisais pas partie, j'étais au Centre national des sports de la Défense dans le cadre de mon premier TIG. Je me suis exprimé devant une soixantaine de jeunes joueurs. Partager mon expérience m'a plu. Je leur ai rappelé de ne surtout pas oublier de prendre du plaisir. J'ai aussi fait réviser leurs lancements aux trois-quarts de l'équipe d'Île-de-France des moins de 16 ans. Cela ne signifie pas pour autant que j'étais totalement guéri.

À la maison, j'avais encore du mal à dormir. La nuit, je refaisais le monde dans ma tête. Je ne sais pas si cette boule au ventre disparaîtra un jour. Dans les semaines qui ont suivi mon retour d'Australie, j'étais ailleurs. J'ai fait un *black-out* total alors je serais bien en peine de dire si la « grande famille » du rugby s'est montrée solidaire[1] avec moi. Je ne pouvais plus jauger le comportement des gens. J'étais incapable de faire la différence entre ceux qui me voulaient du bien et les autres. Lors d'une conférence de presse en 2002 avant un combat face à Lennox Lewis, Mike Tyson

---

1. Le syndicat Provale publiera le 1er juillet 2009 le communiqué suivant : « Nous, joueurs de rugby professionnels, témoignons à Mathieu Bastareaud ainsi qu'à tous ses proches notre amitié et notre soutien. Nous demandons à notre famille du rugby de lui adresser tout le respect qui lui revient. Nous voulons que la presse soit digne et responsable face à la personne qu'il demeure. Nous demandons solennellement l'arrêt immédiat de la déferlante médiatique qui alimente doutes et fantasmes. Nous voulons, plus que tout, que soit respectée son intimité et nous souhaitons qu'il revienne le plus rapidement possible parmi nous sur les terrains. »

est violemment interpellé par un homme dans la foule qui réclame qu'on lui mette une camisole. En nage, le boxeur dégoupille alors et insulte tout le monde. Au cours de cette période, je me sentais dans le même état que Tyson. J'avais peur de tout.

J'ai attendu le Tournoi des Six Nations 2010 pour reprendre le fil de ma vie en Bleu. J'étais tendu avant de rejoindre mes partenaires. Il me fallait m'expliquer. Très franchement, je ne sais pas d'où sont parties les rumeurs selon lesquelles Chabal ou Dusautoir m'en ont collé une. J'étais mal à l'aise. Je ne savais pas où me mettre. Ce sont d'ailleurs plutôt eux qui sont venus vers moi. « Tu as fait une connerie, on oublie... », m'ont-ils lancé. Je suis allé m'excuser auprès de Thierry, notre capitaine. « Désolé pour mon attitude si cela a pu te causer du tort... », lui ai-je glissé. M'exprimer était compliqué, les mots ne sortaient pas naturellement.

Sur le plan sportif, les événements ont été plus faciles à digérer. J'étais titulaire le 7 février, à Murrayfield, en Écosse, pour l'ouverture de la compétition, et nous l'avons emporté 18 à 9. Pour ma cinquième sélection, j'ai marqué nos deux seuls essais, Morgan Parra se chargeant des autres points. David Marty m'a remplacé à huit minutes de la fin. Au total, j'ai disputé les cinq rencontres du Tournoi et remporté le Grand Chelem avec le XV de France. Encore aujourd'hui, en sélection, je ne suis pas toujours totalement épanoui et serein. C'est sans doute pour cette raison que, à Marcoussis, je reste très souvent dans ma chambre, seul, renfermé. Je sais pourtant pertinemment que ni le staff ni les joueurs actuels ne me tiennent rigueur pour un mensonge survenu six ans plus tôt. Je le sais, mais n'empêche. Il s'agit d'un mal-être qui perdure. Je n'arrive pas à chasser de mon esprit l'idée que j'ai déçu beaucoup, beaucoup de monde.

Après ce Tournoi 2010, j'ai disparu des radars des Bleus. Je ne faisais plus partie des meilleurs joueurs. Je n'ai pas été retenu ni pour l'édition suivante ni pour la Coupe du monde, qui a eu lieu en Nouvelle-Zélande et dont le XV de France a atteint la finale, passant même à un petit point du sacre. Marc Lièvremont a eu des mots assez durs à mon encontre[1]. Je n'oublie pas que c'est lui qui m'a accordé ma première sélection. Lui qui m'a rappelé pour le Tournoi 2010. Lui aussi qui m'a défendu lorsque de « courageuses » lettres anonymes me reprochaient de ne pas chanter *La Marseillaise* sous prétexte, écrivaient-ils, que je ne devais sûrement pas « me sentir français ». D'autres joueurs du XV faisaient de même mais, une fois encore, l'attention s'était focalisée sur moi, en plein débat sur l'identité nationale.

Avec Marc Lièvremont, je dirais que nous ne nous sommes jamais compris. Aucun conflit n'a éclaté entre nous mais le dialogue était réduit au strict minimum. Je n'ai pas été irréprochable mais lui

---

[1]. « Ça fait un an qu'on le sensibilise sur son état de forme et il n'en fait pas assez pour être compétitif » (novembre 2010) ; « Je n'ai pas noté de prise de conscience, d'amélioration. Il y a meilleur aujourd'hui à son poste » (janvier 2011).

non plus n'a pas été totalement réglo. Il était mon sélectionneur, point. Je ne l'ai jamais recroisé. Ce n'est pas forcément quelqu'un avec qui j'ai envie de parler...

Son successeur à la tête des Bleus sera Philippe Saint-André, qui était jusqu'à sa nomination mon entraîneur à Toulon. Si je compte trente-trois sélections aujourd'hui, c'est grâce à lui. Mes vingt-quatre dernières capes, c'est avec lui que je les ai obtenues, de haute lutte. Et j'espère bien être de l'aventure de la Coupe du monde, en septembre prochain. Mais rien ne m'a été donné. Je n'ai, par exemple, pas fait partie des trente-trois joueurs convoqués pour la tournée d'automne 2012, revenant finalement contre l'Italie, à Rome, à l'occasion de l'ouverture des Six Nations, en février 2013. Cet après-midi-là, j'ai remplacé Maxime Mermoz à l'heure de jeu. Presque trois ans jour pour jour après ma dernière apparition avec le maillot frappé du coq. Sur le moment, je me suis dit : « Quand même, putain, quel chemin ! »

Quatre mois après ce retour en sélection, j'ai participé à la tournée en Nouvelle-Zélande en juin, rejointe tout juste après l'amère défaite en finale du Top 14 contre le Castres Olympique (14-19) au Stade de France. Nous avons rallié Auckland avec les sept autres finalistes du championnat appelés dans le groupe de trente-cinq joueurs (Michalak et Mermoz pour Toulon ; Tales, Andreu, Dulin, Samson, Claassen pour Castres). Mon coéquipier au RCT, le pilier Carl Hayman, quarante-cinq sélections avec les All Blacks, était ravi de mon retour dans son pays. Il m'a même invité à rester chez lui après la tournée. J'ai poliment décliné car j'avais déjà prévu un voyage en Guadeloupe. Bien sûr, je m'attendais à être secoué, à recevoir quelques petits tacles. C'était la première fois que je remettais les pieds dans ce pays depuis l'incident de Wellington. J'étais ravi d'être là quand bien même, avant le départ pour la tournée, j'avais entendu beaucoup de rumeurs laissant entendre que je voulais déclarer forfait. C'est tout le contraire ! J'ai abordé ces rendez-vous sans appréhension particulière car j'étais mieux armé pour supporter la pression. J'avais même hâte de passer à autre chose et de montrer que sur le terrain, face aux champions du monde en titre, je pouvais être un bon joueur de rugby. Sans besoin de puiser de motivation supplémentaire dans mon passé douloureux. Et puis c'est un pays et une équipe que j'ai toujours respectés.

Je n'ai pas senti sur place de piège, ni d'accueil agressif. Au contraire, j'ai même été agréablement surpris. À peine le pied posé sur le sol néo-zélandais, les journalistes locaux sont venus vers moi. Dans une interview en anglais j'ai renouvelé mes excuses, expliqué que la page était tournée. D'ailleurs, l'inspecteur Pete Cowan, chef de la police de la région de Wellington et qui, avec son équipe de cinq détectives, avait mené l'enquête, ne dira pas autre chose. « Le dossier est clos, nous avons tourné la page, confiera-t-il. Les gens ici ont tout oublié de l'affaire. Mais si jamais ils s'en souviennent, ils se rappellent que le jeune Bastareaud avait présenté ses excuses. »

Sportivement parlant, la tournée néo-zélandaise fut moins heureuse. Si j'avais été dispensé du premier test à Auckland le 8 juin 2013, je figurais parmi le XV de France lourdement battu au Waikato Stadium, à Christchurch (0-30). J'ai joué les vingt dernières minutes, succédant sur la pelouse à Florian Fritz. Le 22 juin, nouvelle défaite, 24 à 9, au Yarrow Stadium de New Plymouth, avec toujours le remplacement de Fritz à l'heure de jeu. En Nouvelle-Zélande, je ne me suis pas senti traqué, il n'y avait aucune animosité des médias ou du public, que ce soit dans les stades ou les rues lors des balades.

J'ai senti davantage d'électricité en France, avec des réflexions ou des insultes de supporters. J'ai eu le droit entre autres à « gros sac » ou « gros porc »... Malgré mon casque sur les oreilles, j'ai bien entendu les noms d'oiseaux qu'ils m'ont balancés. Ceux-là mêmes, très diserts en tribunes, qui me réclameront des autographes au coup de sifflet final après m'avoir craché à la gueule et sifflé tout le match. Ceux-là mêmes qui, lorsque je leur répondais que je n'avais pas envie de leur signer une photo, m'ont lâché que je « n'étais pas un bon type ». L'occasion alors pour moi de leur asséner un ferme : « Désolé, tu m'as insulté pendant quatre-vingts minutes, je ne vois pas pourquoi je te ferais plaisir. » Je n'oublie pas.

J'ai en tête mon accueil avec le Stade Français au stade d'Anoeta, à Saint-Sébastien, pour y affronter Bayonne. C'est la première fois dans l'histoire du championnat de France qu'un match se trouvait délocalisé à l'étranger. Les événements en Nouvelle-Zélande étaient survenus tout juste deux mois plus tôt et, même si Max Guazzini me témoignait un soutien sans faille[1], j'étais encore écorché vif. J'avais été déjà légèrement sifflé la semaine précédente à Toulon, où nous avions obtenu un résultat nul à l'occasion des débuts en championnat de Jonny Wilkinson. Contre l'Aviron Bayonnais, en ouverture de la deuxième journée du Top 14, lorsque je suis rentré sur la pelouse, le public a chanté : « Il est des nôtres, il a bu son verre comme les autres. » Ils étaient près de 30 000 spectateurs et ça résonnait bien ! Provocateur, et comme pour me galvaniser, j'ai alors encouragé les supporters à m'applaudir encore davantage. Ma rentrée à vingt minutes de la fin à la place de Geoffroy Messina n'a toutefois pas été suffisante. Malgré les retours de Sylvain Marconnet, Dimitri Szarzewski, Pascal Papé, Lionel Beauxis et Julien Arias, malgré Rodrigo Roncero, Julien Dupuy, Juan Manuel Leguizamón, James Haskell, Benjamin Kayser, David Attoub, Pierre Rabadan ou les frères Bergamasco, nous nous sommes inclinés 38 à 24. Pour les Basques, Benjamin Fall, vingt ans, ailier prometteur, avait réalisé une grosse prestation et inscrit deux essais. Ce soir-là, j'avais joué avec la haine.

---

1. La veille du match, le président du Stade Français avait assuré : « Dans cette affaire, et je pèse mes mots, c'est une victime. Je salue son courage et sa détermination à revenir. À Toulon, à la réception d'après match, il a même été applaudi. Bastareaud, c'est mon joueur préféré. C'est un mec formidable, vraiment gentil. Maintenant, il faut arrêter de l'emmerder. Encore une fois, avec ce phénomène de "pipolisation", vous en avez fait un héros malgré lui. »

6

Victime de la mode

J'en ai longtemps nourri des cauchemars... Je ne parle pas de l'épisode néo-zélandais mais du livre *Ça*, de Stephen King. Ou plutôt de son adaptation pour la télévision dans une mini-série américaine. *Ça* est un roman d'horreur du maître du genre ; il raconte avec effroi comment une entité qui se présente sous la forme d'un loup-garou, d'une momie, de sangsues meurtrières ou d'un clown maléfique muni de crocs et de griffes revient hanter, tous les vingt-sept ans, un groupe de six garçons et une fille de Derby, dans le Maine[1]. À cause de *Ça* et de son terrifiant clown appelé Grippe-sou, comme des milliers d'enfants, j'ai développé la peur des clowns ! La série était diffusée lorsque j'étais en classe de primaire et j'en avais été traumatisé. Le pire, c'est que je ne l'avais pas vue. Mais on me l'avait racontée et j'avais le sentiment de

---

1. Roman le plus vendu aux États-Unis en 1986, *Ça* va prochainement devenir un film. Cary Fukunaga, réalisateur notamment de la série *True Detective*, travaille à l'adaptation du roman de 1 100 pages de Stephen King, grand maître du fantastique, pour en faire deux longs-métrages.

la connaître par cœur, d'où ma terreur. Du coup, je dormais la lumière allumée ! Une fois que mon frère jouait à la Playstation dans la chambre, lumière éteinte, j'ai refusé d'y entrer. Cela me rappelait une scène de *Ça*, quand sur un plan on voit émerger des égouts les deux yeux rouges du clown alors que l'obscurité règne. J'avais beau être à la maison, il m'était impossible de pénétrer dans la pièce.

Cette phobie du clown s'est dissipée mais je n'aime toujours pas en voir... Il est des choses, comme cela, qui ne s'expliquent pas. Comme le fait que, lorsque j'ai été sollicité pour donner des coups d'envoi, une malédiction m'a systématiquement accompagné. Au stade Jean-Bouin, pour la finale du championnat de France de rugby féminin entre Montpellier et Toulouse, vêtu d'un jean, j'ai expédié un drop tout pourri – ce n'est ni le premier, ni le dernier ! – car je craignais de glisser, sans parler de mon pantalon qui a craqué. À l'occasion de la finale de Coupe de France de volley féminin, ma tentative de service a directement rejoint les tribunes. Et, lors d'un match de handball féminin entre Toulon et Issy-les-Moulineaux, j'ai voulu lancer le ballon, qui est resté collé dans ma main... Depuis, personne ne m'a approché pour effectuer un coup d'envoi ! Je ne me vexe pas. Je suis très casanier et rester à la maison ne me dérange pas, au contraire. J'aime aller à mon allure, sans contrainte. Après avoir habité dans une maison à Carqueiranne, je loge dans un immeuble du cap Brun, à la pointe de Toulon. à cinq minutes de

scooter du stade Ange-Siccardi de Berg, où l'on s'entraîne.
Dans la quiétude du lieu, je me détends, je me regarde un film ou une série. Ou je lis des mangas. Je suis fan de ces bandes dessinées japonaises. C'est par l'intermédiaire de mon grand frère, Jean-Marc, que je me suis imprégné de cette culture. Comme la plupart des cadets, je l'ai copié en matière de culture musicale – il est d'ailleurs musicien – et de goûts vestimentaires. Je lui piquais ses chaussures taille 42 et, pour les porter, avec mes quatre pointures de moins, je mettais plusieurs paires de chaussettes. Et je les remettais à leur place avant qu'il ne rentre et ne s'en aperçoive. Les mangas, j'en ai toute une collection à la maison. Je peux aussi regarder sur l'ordinateur des dessins animés japonais. L'un de mes rituels est, la veille d'un match, de déjeuner au RCT Café puis d'aller à la Fnac du centre commercial de Mayol pour prendre un ou deux mangas, que je dévore tranquillement à la maison.

J'ai grandi avec les voix de *Dragon Ball Z*, *Naruto*, *Bleach*, *One Piece* ou *Nicky Larson*, dont les aventures passaient à la télévision. Des histoires où le héros est celui sur qui personne, au début, n'aurait misé. Il attire les moqueries avant, au fur et à mesure des épisodes, de se transformer en machine de guerre. C'est ce que j'aime. Avant un match, j'ai besoin de m'évader, de penser à autre chose et les mangas y participent. Je peux m'identifier à Nicky Larson, détective privé et garde du corps très costaud, pour sa double personnalité, son côté joyeux et sombre à la fois. Et puis, dans son job, c'est le meilleur ! Un jeune artiste de street art, dont j'appréciais les œuvres sur Instagram, m'a fait cadeau d'une jolie toile que j'ai à la maison, où je voisine avec Mohammed Ali et des héros de mangas. Un autre m'a offert un tableau où je défie des personnages de mangas ; je l'ai laissé dans ma chambre à Marcoussis.

Quand je peux décrocher quelques jours du rugby, je remonte à Paris. Plus précisément à Quincy-sous-Sénart, pour voir ma mère. Nous déjeunons ensemble puis j'aime aller au cinéma, souvent seul, au grand centre commercial du Carré Sénart. Plus jeune, quand j'allais voir un film avec les copains, ils posaient plein de questions sur l'action qui se déroulait sous nos yeux et ça me gâchait le plaisir. Au Carré, personne ne m'embête, même si ma tête ne passe pas inaperçue. À Paris, je n'ai pas à me plaindre, je peux me promener sans problème. Beaucoup me reconnaissent mais ne font pas attention.

À Toulon, c'est différent. Un jour où j'achetais des draps, un copain m'a envoyé une photo de moi en train de regarder les modèles du magasin : quelqu'un l'avait mis en ligne sur un blog des supporters du RCT ! Heureusement que c'étaient des draps... L'engouement toulonnais est intense. Posséder l'étiquette du RCT est un privilège. Nous sommes la vitrine de la ville, les ambassadeurs. Les gens sont fiers de nous serrer la main. Nos titres récents ont rendu la population heureuse. Nous les aidons à oublier momentanément leurs soucis « Mon grand-père est à l'hôpital, vous voir gagner lui a sauvé la vie », m'a confié un fan après le Bouclier de Brennus. Ils nous embrassent, donnent l'impression d'être avec nous sur le terrain. C'est pour connaître de telles émotions que l'on joue au rugby. Nous mettons du baume au cœur des Toulonnais. Un jour, dans un parc d'attractions, un papa est allé à ma rencontre et m'a demandé de venir saluer son fils. Quand celui-ci s'est retourné, il s'est mis à pleurer et m'a sauté dans les bras. Si je peux faire rêver un gamin de dix ans, je ne vais pas me priver.

J'ai beau enfoncer mon bonnet jusqu'au bas du front et marcher vite, il m'arrive souvent à Toulon d'être suivi. Lorsque je fais mes courses, je sais exactement ce que je veux et je ne perds pas de temps. Au centre commercial de Mayol, qui jouxte le stade, je vais souvent racheter des téléphones, car j'ai tendance à les égarer. J'ai aussi mes habitudes à Micromania et à Atlantic, qui vend des vêtements et du matériel de skateboard. La mode, j'y ai toujours été sensible. Je suis d'ailleurs l'ambassadeur, et même un peu plus, de la marque de streetwear Urban Rugby. C'est Laurent Quaglia, mon agent, qui m'en a parlé le premier. « Bon, Kiki, j'ai un petit truc à te proposer, je te raconte... », m'a-t-il d'abord lancé. Dans sa résidence bordelaise, Laurent croisait souvent au détour des escaliers un voisin, Sylvain Liu, qui, au fil des échanges, lui annonce sévir dans le textile. Ils évoquent leurs métiers respectifs et se disent qu'il existe un marché sur lequel investir. Laurent lui présente Mourad Boudjellal, que ça ne passionne pas. Puis le président de Toulon le rappelle et a peut-être une idée à exploiter... Il avait déjà déposé la marque Urban Rugby quelques années plus tôt, dans la perspective d'un projet de bande dessinée – éditeur était son premier métier – qui n'a jamais vu le jour. Nouvelle réunion avec Sylvain, qui accouche d'une marque de prêt-à-porter un peu *street*, Urban Rugby. Sachant ma passion pour les fringues, même si mon péché mignon demeure les chaussures – j'ai plus de cent vingt paires –, Laurent suggère que je prête mon image et même davantage à cette nouvelle marque.

J'ai très vite été séduit. Je me suis rendu à Bordeaux, à la rencontre de Sylvain et de son équipe. Le courant est très bien passé. J'ai aimé ce qu'ils m'ont montré, mélange de culture rugby et de la rue. Ils m'ont demandé mon avis, souhaitant que je m'approprie les modèles. Je me suis pris au jeu et je m'implique. J'observe aussi beaucoup ce que portent les jeunes, notamment mon demi-frère Lenny. Lors de la tournée en Australie avec le XV de France, j'ai constaté que la mode était le sarouel et je leur en ai fait part. Johanna, qui dessine les modèles, a alors imaginé des vêtements dans cet esprit. Je leur ai aussi proposé de fabriquer des casquettes. Je les aiguille, donne la tendance de ce que je peux observer et que j'aimerais porter. Je participe à certaines réunions, pose pour les catalogues. Lancé en juin 2014 et distribué dans plus de cent lieux, dont les boutiques Intersport et celles du RCT, Urban Rugby vend des tee-shirts, des polos, des casquettes, des sweats, des bermudas, des jeans, des pantalons de jogging. C'est ma première collection ! Les débuts sont encourageants : en un mois, nous avons vendu 30 % de la production. La cible est plutôt jeune et citadine, avec des vêtements simples, jolis, originaux et surtout, j'y tenais, à des prix abordables. Je suis conscient de la dureté de la crise. Nos supporters se saignent pour se payer l'abonnement et venir au stade. La moindre des choses était de les respecter et donc de ne pas les matraquer. Nous ne bradons pas pour autant car les matériaux sont de qualité. J'ai donné des vêtements à mes amis et coéquipiers, pour qu'ils testent eux aussi les modèles. Jusque-là, les retours sont bons. Je n'ai pas mis d'argent dans l'affaire, ni ne suis actionnaire. Je suis l'égérie de la marque, une sorte de directeur artistique bis aussi. Mais je ne décide pas, je suis juste mon inspiration. Prendre le chèque sans rien faire, très peu pour moi. M'intéresser au travail d'Urban Rugby est aussi une manière de sortir du cadre de mon sport. Je porte la marque, naturellement, mais mon partenaire principal demeure Adidas. À moi de trouver le bon équilibre.

Si la mode est une passion, j'ignore encore si je me lancerai à fond dans cet univers après ma carrière de rugbyman. Une certitude : je ne me vois pas travailler toute la journée derrière un bureau. Entraîneur non plus, excepté pour des jeunes. Ouvrir une conciergerie m'a traversé l'esprit. Je ne suis pas fixé. Mais je me vois bien tenir mon petit commerce, une brasserie ou un restaurant. Un endroit cool, dont je serais le propriétaire. Je ne vais pas me morfondre à la maison et attendre que tombent les pourcentages dans les placements que j'aurai effectués. Avant de posséder mon commerce, je m'achèterai ou ferai construire ma résidence principale. En région parisienne, dans le Var ou ailleurs : trop tôt pour le dire. Mais ce sera un lieu à moi, qui me ressemble.

J'ai un rapport sain à l'argent. Aujourd'hui, les salaires des rugbymen s'étalent dans *L'Équipe* ou *Midi Olympique*, qui publient des tableaux des internationaux. Les chiffres ne sont pas toujours les bons. Reste que l'on parle beaucoup de sous et moins de jeu. Longtemps, j'ai été dépensier. Je voulais faire plaisir à tout le monde. Une carrière dure dix-quinze ans. Il convient d'économiser, d'épargner. Ce n'était pas mon truc. Disons qu'on apprend sur le tas... D'après une étude menée par le syndicat de la NBA, 60 % des basketteurs américains seraient en faillite personnelle cinq ans seulement après leur retraite ! Cela fait froid dans le dos. Je ne connais pas le salaire de mes partenaires. Et je m'en moque. Cela ne m'intéresse pas de savoir si untel gagne plus ou moins que moi. Tant mieux pour lui s'il empoche davantage, ça signifie qu'il le mérite. Je ne suis pas jaloux. Je ne suis pas du genre à regarder dans la gamelle d'à côté, jamais je ne me suis senti envieux à ce niveau-là. Envieux du talent de mes partenaires, en revanche...

J'ai parfois la sensation que, de l'extérieur, à la lueur de nos salaires dévoilés, nous sommes perçus comme des imposteurs. Il faut bien comprendre que les spectateurs nous voient simplement sur le terrain le week-end. Ils ignorent et ne mesurent pas les sacrifices consentis, les entraînements quotidiens, l'hygiène de vie stricte, le déracinement, etc. J'ai quitté la maison à quinze ans ! Mes parents ont divorcé quand j'étais jeune et je les ai peu vus puisque en semaine je m'entraînais et j'avais match samedi ou dimanche. À Créteil, j'ai dormi plus d'une fois chez mon entraîneur ! Je ne me plains pas car le rugby est un plaisir mais il faut aussi imaginer les longues semaines internationales durant le Tournoi des Six Nations, où nous sommes coupés des nôtres. Je me dis qu'ils doivent être beaucoup à penser : « Ils ne méritent pas ce qu'ils gagnent ! » À ceux-là, je répondrai : « Fais ce que je fais rien qu'une semaine et on en reparle... »

Si tout semble beau vu de loin, la réalité est différente. Que ce soit à Massy ou au Stade Français, on ne m'a jamais appris comment gérer mon argent. Sans doute manquait-on alors d'accompagnement. Il n'y avait pas d'apprentissage dans les clubs, ni sur la façon de s'exprimer devant les médias. Des personnes venues me voir pour me conseiller, j'en ai vu défiler. Elles n'étaient pas, loin de là, toutes dignes de confiance. J'ai subi des déconvenues. Pour bien choisir, j'observe comment un agent fonctionne avec son joueur, je suis à l'affût des échos, bons ou mauvais.

Je ne suis pas millionnaire. Mais j'ai la vie que je voulais. Je ne manque de rien, je peux m'accorder quelques petites folies, tout en restant raisonnable car je mesure que tout peut aller très vite, à cause d'une grave blessure ou autre. Je m'efforce aussi de placer de l'argent de côté afin d'être rapidement à l'abri. Je ne veux pas vivre dans la crainte de pouvoir tout perdre un jour. J'en ai discuté avec William Gallas, mon cousin. « Fais attention, ça va très vite », m'a-t-il prévenu, me mettant aussi en garde contre les parasites et les profiteurs qui viennent te taper sur l'épaule. Je n'ai pas craqué. Mes coups de cœur se limitent à des vêtements et des chaussures. Il m'arrive d'acheter quatre-cinq paires d'un coup ! Je n'ai pas le permis de conduire donc pas de bolide. Mais, même si j'obtenais le papier rose, je ne me précipiterais pas sur le dernier modèle.

Je ne suis pas dans le bling-bling, ni dans le paraître. Quand tu as eu une vie très modeste et que tu gagnes beaucoup d'argent d'un coup, tu es tenté de l'exhiber. Je ne fonctionne pas ainsi, surtout dans la société moderne où les jaloux pullulent. Lorsque je rends visite à ma mère, je continue d'emprunter le RER D et elle passe me chercher à la sortie. Je reste assez discret. J'ai la même attitude avec mes copines. Avec la notoriété, j'ai appris à être plus méfiant voire parano. Tu ne sais pas pourquoi cette fille s'intéresse à toi, si tu lui plais réellement ou si elle cherche autre chose ? Bref, si elle est là pour Mathieu ou pour Bastareaud ? Pour l'homme ou le joueur de l'équipe de France ? Ce n'est pas la même chose. Je m'aperçois assez vite de la position à adopter. Je suis assez ours, je ne donne pas envie qu'on vienne me déranger, donc il faut insister pour me découvrir.

Est-ce que le rugby peut aider pour séduire ? Tu deviens plus intéressant quand tu passes à la télévision... Les gens deviennent curieux. Il m'est arrivé en soirée qu'une fille passe et repasse devant moi sans me calculer. Il suffit ensuite qu'une personne me désigne ou fasse une photo avec moi pour qu'elle rapplique... Je me suis beaucoup amusé avec la gent féminine. J'ai tout vécu en accéléré, y compris avec les filles. Je ne suis plus dans cette optique. J'ai vingt-six ans, je recherche la stabilité. Côtoyer ses coéquipiers en couple ou avec des enfants donne des idées. Il faut tomber sur la bonne personne. J'espère l'avoir trouvée et, avec Anja, cela fait presque un an que nous sommes ensemble. Mais laissons les choses se faire...

Être bien entouré, c'est important. Cela s'applique aux femmes mais aussi à l'environnement sportif. J'ai la chance de bénéficier autour de moi d'une bonne équipe, qui s'est constituée au fil des ans. Il y a l'agent sportif, l'agent pour l'image et un autre conseiller pour la gestion du patrimoine. Chacun son domaine. Mon premier agent a surgi dans le paysage quand j'avais dix-sept ans et demi. Je jouais à Massy, plusieurs clubs me voulaient et quelques « conseillers » en tout genre me tournaient autour. Jacques-Olivier Auguste s'occupait de Yoann Maestri, Morgan Parra et Mathieu Belie, eux aussi nés en 1988. Les échos qu'ils me renvoyaient de lui étaient bons, nous avons été présentés et le feeling est passé. Il a rempli son rôle auprès de moi jusqu'à vingt-trois ans. Aucun contrat n'avait été établi entre nous. C'est avec lui que j'ai signé au Stade Français et obtenu des contrats sponsoring. Notre relation était professionnelle et, après la Nouvelle-Zélande, il m'a aidé. Il a rempli son rôle correctement.

Quand j'ai pris la décision de quitter Paris, je lui ai fixé une date limite pour être transféré. Je voulais qu'au mois de mars 2011, tout soit réglé. Début mai, rien n'avait été conclu. Je trouvais que cela traînait en longueur et j'ai donc pris quelqu'un d'autre. Il en a été vexé et m'a envoyé un long texto de reproches. Il faut dire que, entre-temps, Jacques-Olivier Auguste avait commencé à s'occuper de footballeurs. Les sommes ne sont pas les mêmes qu'au rugby ! Il gère notamment les intérêts de Dimitri Payet, milieu de terrain de l'Olympique de Marseille et de l'équipe de France. Pendant une période, il était tout le temps fourré à Saint-Étienne, pour négocier son transfert[1], ce qui ne me convenait plus.

Jacques-Olivier Auguste n'a plus que des footballeurs dans son écurie. Il n'a pas empoché de commissions sur mon départ pour Toulon. Le transfert a été réalisé par un avocat au Barreau de Paris, Christian Chevalier, lequel collaborait avec Pascal Forni, l'un des agents les plus influents du monde de l'ovalie. Dans le Var, j'ai fait la connaissance de Laurent Quaglia, par l'entremise de Steffon Armitage, avec qui il travaillait. Il m'a tout de suite fait bonne impression et les renseignements collectés auprès d'autres joueurs allaient dans ce sens. Et puis Laurent s'occupe de Jonny Wilkinson, ce qui en soi est un argument plus que convaincant ! Nous avons appris à nous connaître.

---

1. Dimitri Payet joue à l'OM depuis l'été 2013. Le Réunionnais a découvert la Ligue 1 à Nantes, avant d'évoluer à Saint-Étienne et Lille. Un agent touche entre 8 à 10 % de commission sur le salaire du joueur.

Notre relation s'est transformée en amitié. Nous nous appelons au moins une fois par semaine et pas seulement pour parler rugby. Lorsque nous avons joué contre l'Union Bordeaux Bègles, je suis resté pour le voir après le match. Laurent a supervisé ma prolongation de contrat avec le RCT.

Un bon agent n'est pas seulement présent pour vous rassurer. Affirmer que tout va bien, que le coach ne comprend rien si on est remplaçant ou écarté : rien de plus facile. Ce que j'attends d'un agent est d'être disponible en cas de pépin avec le club, d'être actif et réactif, de régler les relations avec les partenaires, par exemple en réclamant une paire de crampons précise. Mais il n'est pas une nounou ! Je n'ai pas de contrat autre que moral avec Laurent. Concernant l'image, j'ai d'abord bénéficié de l'aide de Pascal Irastorza, un ancien journaliste qui a créé sa société de conseil en entreprise spécialisée dans la gestion et la communication de crise. Il avait alors Sébastien Chabal et Raymond Domenech comme clients de référence. Avec lui j'ai compris que le sujet requérait du professionnalisme. Sans doute a-t-il voulu aller trop vite mais, à l'époque, j'étais maladroit et naïf. Une sorte de boulet, pas très pro, qui n'avait pas conscience de l'importance de l'image et de la manière de la maîtriser.

Aujourd'hui, et j'en suis très heureux car l'entente est harmonieuse, ma communication repose sur Sébastien Bellencontre et son agence 4Success. Il s'est occupé notamment de mon site Internet officiel et des réseaux sociaux, sur lesquels je ne vais pas souvent, sauf pour balancer quelques interventions souriantes. Il est également en contact avec les annonceurs. Sébastien collabore avec d'autres rugbymen mais aussi des footballeurs, des judokas, des skieurs et des athlètes. Le professionnalisme dans le rugby et l'explosion des droits télé ont entraîné l'émergence d'un nombre croissant d'agents. Comme partout, il y en a de bons et de mauvais, qui te font signer une prolongation pour toucher leur commission alors que sportivement elle n'a pas de sens. Cela reste un petit milieu et les choses se savent. Les agents diplômés et certifiés par la Ligue font partie du paysage, inutile de les diaboliser. Il n'y a pas que des mercenaires et des chercheurs d'or ! Ils nous permettent en tout cas de nous concentrer sur le terrain en nous déchargeant du reste. Aujourd'hui, les contrats sont tellement compliqués à éplucher que nous avons besoin d'aide. Je marche au feeling et, avec Laurent Quaglia, je me sens bien. J'attends de lui qu'il me dise la vérité quand il scrute le marché pour éventuellement dénicher un nouveau club, qu'il soit en adéquation avec mon niveau et lucide sur celui-ci. Il ne doit pas me dire que je suis Zidane si je suis un joueur de National ! Je lui fais confiance et je suis patient. J'ai un contrat avec Toulon jusqu'en 2016 et je le respecterai. Après, tout est ouvert. Prolonger, comme tenter une expérience à l'étranger.

7

Guadeloupe, île de la fierté

Dania. C'est le prénom de ma mère adorée. Celui, aussi, de mon premier tatouage. Mais si je lui ai ainsi rendu hommage, c'était aussi pour mieux faire passer la pilule ! Je me doutais qu'elle ne serait pas forcément ravie que je sois passé par la case tatouage. Oubliée, donc, l'idée initiale d'une référence au peuple maori. Si ma mère avait découvert cela en rentrant à la maison, elle n'en aurait pas voulu. Il fallait l'amadouer.

Les tatouages et moi, c'est une longue histoire. Mon grand-frère, Jean-Marc, un vrai Tanguy puisqu'il vit encore à la maison, avait montré la voie. Il a tâté de nombreux petits boulots, a essayé la danse, les sports de combat, fonctionnant au feeling. Ce musicien touche-à-tout avait fait fort : il s'était fait tatouer d'entrée les deux bras ! Il n'avait rien dit à personne, ne tenait pas à ce qu'on s'en aperçoive car il n'avait pas demandé l'autorisation. Sauf qu'un jour, à la maison, le chauffage poussé à fond, il a commencé à sérieusement transpirer. Les gouttes de sueur perlaient mais il refusait d'enlever son pull. Nous lui avons demandé s'il se sentait bien, s'il n'était pas malade. Puis il est allé prendre sa douche et m'a demandé de venir lui mettre de la crème. C'est là que j'ai vu ses tatouages. Jean-Marc, qui a huit ans de plus que moi, a été l'éclaireur ! Ce n'est pas l'aîné de la famille. Carine a trente-huit ans ; ma demi-sœur au sacré caractère est retournée vivre en Guadeloupe. Sans oublier évidemment Lenny, quatorze ans, mon demi-frère.

Mon premier tatouage, je l'ai effectué dans le quartier des Halles, à Paris. Je jouais au Stade Français, j'avais dix-neuf ans. Après « Dania », je me suis fait graver « Bastareaud » sur l'autre bras. J'en ai huit aujourd'hui, sur le haut du dos, le torse, le corps, le cou. Mais il reste toujours de la place ! Le tatouage est devenu un phénomène de mode, il est parfois appelé le dixième art[1]. Je vois bien, lorsque j'enlève mon sweat pour passer sous le portique d'un aéroport, la manière dont les gens m'observent. Se faire tatouer est un choix personnel. Ce que je fais inscrire sur ma peau est en rapport avec ma famille, mes passions, mes envies. J'ai désormais un tatoueur attitré : Cédric Abellon, celui qui lance depuis sept ans, sur la pelouse de Mayol, avant chaque match, le célèbre *Pilou-Pilou*, ce chant des terribles guerriers toulonnais... Cédric est devenu un ami. Sa dernière

---

[1]. En mars dernier, le Mondial du tatouage a accueilli à la Grande Halle de la Villette près de 27 000 visiteurs et le musée du Quai Branly héberge jusqu'en octobre 2015 l'exposition « Tatoueurs, tatoués ».

création, à ma demande : un attrape-rêves. À chaque fois qu'il pose son aiguille, ça fait mal mais il s'agit d'une bonne douleur. Mes décisions sont réfléchies, ne s'opèrent pas sur un coup de tête. Avant d'opter pour l'attrape-rêves, objet qui m'intriguait, je me suis intéressé à la culture amérindienne, à cette énergie spirituelle qu'elle transmet à travers cet anneau en saule et ce filet, censé agir comme un filtre pour ne retenir que les plus belles images de la nuit et brûler les mauvaises. Pour moi qui souffre de sérieux troubles du sommeil, c'est parfait... J'ai aussi un bracelet et un collier en attrape-rêves : c'est ma nouvelle lubie. Ces tatouages sont à l'encre indélébile donc il faut assumer, notamment si tu inscris le prénom de ta copine et que tu en changes ! Je ne me vois pas privé de mes tatouages. Sans eux, je me sentirais nu ! C'est peut-être aussi une forme de carapace.

Je lis les magazines de tatouage, j'essaie de comprendre leur signification, leur histoire, je sais depuis longtemps effectuer la différence entre un maori, un samoan et un tribal. Il y a un côté artistique là-dedans. Quand je commence à souffrir, je m'interroge, je me demande pourquoi je fais ça. Mais le résultat final légitime toujours cette douleur. Lorsque je me fais tatouer, je ne pense à rien d'autre. C'est un moyen de m'évader. C'est devenu une passion. Ma mère pense que j'en ai trop mais elle n'a encore rien vu ! Des joueurs de rugby se font poser le prénom de leurs enfants, de leurs parents, mettent un psaume de la Bible. Chacun est libre.

Je ne fais jamais de tatouage lié à la religion. Je suis le seul de la famille à ne pas avoir été baptisé. Ma mère ne m'a jamais forcé à aller à l'église même si, de son côté, la tradition est forte. Je ne suis pas très porté sur la religion. Le rugby, c'est le partage. C'est également un creuset où toutes les croyances se croisent. Dans le vestiaire, le respect est réel. Certains prient, adressent un salut au ciel ou se signent avant d'entrer sur le terrain ou quand ils marquent un essai, d'autres pas. Si tu as besoin d'une aide du dieu auquel tu crois, pourquoi pas. Je suis très tolérant à cet égard et en général. Les accents et les langues aussi résonnent à Mayol. Dans notre antre, ça parle italien, espagnol, français, géorgien, samoan, afrikaner, anglais, fidjien et autre. Une manière de découvrir d'autres cultures, comme lorsque, à l'école, la maîtresse demandait d'apporter un plat de son pays ou de sa région.

Pour moi, c'étaient des accras, du cabri, des haricots rouges ou noirs, des bananes plantains, du blaff, du féroce d'avocat, du colombo, de la sauce chien ou du ti'punch. Bref, de la cuisine créole ! Si je suis né le 17 septembre 1988 à Créteil, en région parisienne, et bien que je n'y aie jamais vécu, je reste originaire de la Guadeloupe, ce petit territoire des Antilles dans la mer des Caraïbes, à plus de 6 000 kilomètres de la métropole. Mes parents sont de Sainte-Anne, au milieu de la côte sud de Grande-Terre, l'île la plus peuplée du département. Plusieurs plages, comme celle de la Caravelle ou de Bous-Jolan, bordent la ville. J'aime beaucoup me rendre là-bas. Je me souviens d'un grand rassemblement familial en 1995 pendant les vacances : tous mes oncles, mes tantes, mes cousins et mes cousines réunis autour d'un grand repas. J'y ai emmené des amis même si nous sommes tombés une fois pendant la période où l'île était en grève et privée de carburant ! Je me suis malgré tout amusé. La Guadeloupe, pour moi, c'est d'abord une question de rythme. Celui, justement, où l'on va au sien... Chacun à son allure. Quand je suis là-bas, je n'ai aucune obligation, je me laisse guider par mon bon plaisir. Personne n'est pressé. Je prends le temps de vivre, de décompresser ; quel contraste avec l'emploi du temps surchargé du rugbyman professionnel ! Quinze jours à Sainte-Anne, ça vous requinque. Je déconnecte totalement. Le climat, la nourriture, les gens : j'aime tout. Lors de ma dernière visite, il y a deux ans, dans la foulée de notre victoire en Coupe d'Europe et de la tournée en Nouvelle-Zélande, j'ai eu l'occasion d'échanger avec des habitants qui avaient été à l'école avec mes parents. Ils m'ont confié plein d'anecdotes très marrantes. Même si c'est parfois du pipeau, c'est tellement bien raconté !

La Guadeloupe est un pays fier. Très fier. Quand tu y retournes en ayant réussi dans le sport, tu perçois cette fierté dans le regard. De quoi faire encore plus chaud au cœur. D'ordinaire, le football, le basket ou l'athlétisme sont les disciplines les plus populaires, celles qui récoltent les honneurs. Le rugby, toutefois, commence à trouver sa place. Dans les rues, j'ai été heureux d'entendre des messages d'encouragement, du type « continue Mathieu, c'est super ce que tu fais ». Ils sont à fond derrière moi et se mettent à suivre le rugby. J'en ai été touché. Comme le fait, sur la plage de Sainte-Anne, de tomber au hasard d'une promenade sur un match de « rugby à toucher ». Avant, seul le football avait droit de cité sur le sable. J'espère vraiment que l'on pourra un jour enfin développer notre sport sur l'île. Les structures manquent, c'est dommage. Ce sont encore des terrains de football transformés qui accueillent le rugby. Des efforts sont produits, des métropolitains établis en Guadeloupe essaient d'apporter et de transmettre leur passion. Je n'ai pas la prétention d'affirmer que le rugby se développe grâce à moi mais je constate l'intérêt plus vif pour notre sport. Si le fait que je réussisse peut susciter des vocations chez les jeunes, j'en serais ravi. Bien sûr, nous ne sauvons pas des vies. Reste que, lorsque l'on possède notre position et le pouvoir de faire bouger certaines choses tant notre métier génère du rêve, alors il convient de se retrousser les manches et d'agir. Dans une société où les malheurs et les drames sont légion, contribuer à un peu de bonheur est un moindre mal. Et je ne vais pas me gêner...

Je suis d'ailleurs le parrain de l'OSS 117, un club de l'île. Débarquer à Sainte-Anne et rouler des mécaniques parce que je gagne confortablement ma vie, montrer ma richesse et me pavaner parce que j'ai de la notoriété ne m'intéressent pas. C'est inutile et stérile. M'impliquer, être une sorte d'ambassadeur pour mes compatriotes, me titille de plus en plus.

J'aspire à développer dans le futur quelque chose de bien. Par exemple, la Fédération française regarde beaucoup du côté de Wallis-et-Futuna, en Polynésie, entre la Nouvelle-Calédonie et Tahiti. Je pense à Sébastien Vahaamahina (Clermont), Christopher Tolofua (Stade Toulousain), Mikaele Tuugahala (Racing-Métro 92) ou mes partenaires toulonnais Jocelino Suta et Romain Taofifénua. Tous ou presque internationaux tricolores. Certes Wallis-et-Futuna a de beaux bébés mais pourquoi ne pas se tourner aussi vers la Guadeloupe et la Martinique ? Aux Antilles d'attirer les regards, de former des joueurs, de monter des détections ! Des partenariats sont à mener, des stages à organiser. Bref, il faut provoquer les choses et ne pas se contenter de mettre une pancarte affichant : « Ici un club rugby ouvre, venez... » Cela nécessite du temps et je suis pas mal occupé. Mais pourquoi ne pas monter une petite équipe, qui serait dévolue à cette tâche ?

Si la Guadeloupe veut exploiter mon image, qu'elle ne se gêne pas ! Pour que la flamme brûle, même petitement, il faut allumer la mèche et ensuite c'est parti. J'ai beaucoup d'envies mais j'ai besoin de gens de confiance pour m'aider à concrétiser tout cela. Sinon, ce sera juste un coup d'épée dans l'eau. Je me sens guadeloupéen. Je suis cependant gêné car j'ai le sentiment, lorsque l'on parle en bien de moi, d'entendre plus souvent « le centre international tricolore ». Et, quand c'est négatif, cela devient « le centre d'origine guadeloupéenne ». J'ai toujours été interpellé par ça. Je n'ai pourtant pas une double personnalité ! Cela me fait songer à Yannick Noah dont on prétendait lorsqu'il était tennisman : « Quand Noah gagne il est Français, quand il perd il est Camerounais »...

Je n'ai en tout cas jamais perçu de regard condescendant en jouant au rugby sous prétexte que je suis noir. J'ai démarré en banlieue parisienne et il y avait toujours plusieurs joueurs de couleur. Je n'ai pas été mis à l'écart ou pointé du doigt pour ma peau. De manière générale, je me suis toujours efforcé de garder la tête haute. C'est un précepte de famille autant qu'une philosophie de vie. Je me dois de garder le port altier et d'être fier de mes origines, de ma famille, de moi, de ce que j'ai accompli. « Tu n'es pas n'importe qui, tu es un Bastareaud, sois fier de ton nom et de tes origines. Garde la tête haute », a insisté mon père, qui le tenait de son propre père. En Guadeloupe existe un complexe. Nous avons toujours été la « petite île ». Un rien nous fait bomber le torse ! Cette volonté d'être fier, mon père me l'a suffisamment serinée. Sans cesse il me répétait : « Quoi qu'il arrive, garde la tête haute... » C'était valable au quotidien, à l'école ou à la maison, pas seulement au rugby. À l'instar de tous les papas, il me rabâchait la même chose. Plus jeune, cela m'agaçait, je me demandais pourquoi il me répétait cette phrase à longueur de temps.

Aujourd'hui, tout s'éclaire et prend du sens : la preuve que je vieillis ! Je vois les choses différemment, du genre : « Il n'avait pas tort le vieux... »

Il est important de rester ouvert, à l'écoute. Je ne suis pas du genre à beaucoup parler mais je tends l'oreille, j'absorbe ce qui se dit, lors de débats par exemple, du sport à la politique. J'entends les arguments des uns et des autres, je m'immerge dans leur vision et je me forge ma propre opinion. Je ne suis pas un être buté. Je suis ouvert d'esprit, même si je peux paraître fermé.

De Teddy Riner à Thierry Henry, de Laura Flessel à Lilian Thuram, de Marie-José Perec à Nicolas Anelka, de Didier Dinart à Gaël Monfils, la Guadeloupe a enfanté de grands champions. La ville de Sainte-Anne n'est pas en reste. Marius Trésor, l'ancien libéro de l'Olympique de Marseille et des Girondins de Bordeaux, défenseur mythique des Bleus des années 1980, premier capitaine d'origine antillaise de l'équipe de France, y est né. Il a débuté à la Juventus Sainte-Anne, où il a été repéré par Ajaccio. Mon père est de la génération de Marius Trésor, il a joué avec lui en Guadeloupe et a même fait un essai à Saint-Étienne et Ajaccio, lui aussi, avant de se frotter à la troisième division au Havre, où il n'a plus été payé après une blessure. Je n'ai jamais rencontré Trésor. Sur le terrain, il était d'une grande élégance.

Mon père, chaque dimanche après-midi, me faisait regarder des rétrospectives de football, si bien que, à une époque, je connaissais davantage les grands anciens que les joueurs actuels. La Coupe du monde 1970, avec Pelé, Carlos Alberto ou Franz Beckenbauer, n'a plus de secrets pour moi. Ah, Garrincha, Cruyff, Yachine, Maradona, Zico, Zoff, Neeskens,

127

Baggio, Ronaldo ou Cantona... Si j'ai la chance de croiser Trésor, même si je ne vais pas spontanément vers les gens, j'aurais plaisir à engager la conversation, à ouvrir la boîte à anecdotes et souvenirs. Le football, je ne l'ai jamais pratiqué en club. J'y ai joué un peu avec les copains du quartier mais c'est tout. La seule licence que j'aie jamais prise, c'est celle de rugby. Plus jeune, j'étais accroc à « L'Équipe du dimanche » sur Canal+ mais cela m'est passé. Je regarde de moins en moins le foot à la télévision. Ou alors pour décrypter une tactique, les courses des joueurs, les appels en profondeur. J'ai une préférence pour le Paris Saint-Germain, dont je suis un supporter modéré, pas un ultra. Lors de ma dernière saison au Stade Français, j'ai pris un abonnement au Parc des Princes. J'aime bien Marco Verratti ou Blaise Matuidi, des travailleurs de l'ombre. Ce sont eux les éléments les plus importants. S'ils ne font pas bien leur boulot, Zlatan Ibrahimovic ne marquera pas et ne réalisera pas ses prouesses. Idem au rugby : si les trois-quarts veulent se régaler, cela passe par un gros travail des avants. J'apprécie les travailleurs discrets, qui ne réclament rien, qui sont moins dans la lumière mais apportent tellement à l'équipe...

Lui ne brillait pas dans le replacement défensif mais quel talent, quel génie : le Brésilien Ronaldinho. Champion du monde, Ballon d'or, des gestes épatants, une protection de balle unique, des prestations toujours haut de gamme lors des grands rendez-vous, les PSG-OM, les Barcelone-Real Madrid ou les derbys de Milan. Il prenait des coups mais ne tombait jamais. J'ai adoré regarder le PSG quand il y jouait. Mais mon joueur préféré reste William Gallas. Normal : c'est mon cousin germain. Il est le fils de la sœur de ma mère, qui est d'ailleurs sa marraine. Il est le premier sportif professionnel de la famille et donc un peu la star. C'est pour lui que j'ai supporté l'Olympique de Marseille ! Et quand William, alors qu'il était défenseur central, a marqué au Stade Vélodrome le seul but du match contre Manchester United en Ligue des champions[1], c'était de la folie. Ah, ce magnifique pointu... J'ai hurlé devant le poste et sauté dans les bras de ma mère. On ne s'appelle pas régulièrement. Nous ne sommes pas de la même génération – il a onze ans de plus que moi – mais on s'apprécie. Et puis j'ai des nouvelles par ma mère. William a arrêté sa carrière en octobre 2014 à trente-sept ans, après une ultime expérience en Australie, à Perth. Et quelle carrière : 84 sélections en équipe de France (onzième joueur le plus capé sous le maillot bleu), finaliste de la Coupe du monde en 2006, deux titres de champion d'Angleterre et une Coupe de la Ligue avec Chelsea. Le palmarès, c'est ce qu'il reste !

J'étais au Stade de France en 2002 pour sa première sélection, face à la Slovénie, une victoire 5-0, avec pour partenaires Zidane, Barthez, Desailly, Vieira, Henry ou Thuram. Grâce à lui, j'ai pu assister au match entre Chelsea et Arsenal, dont il portait alors le maillot. J'étais rentré le soir en Eurostar, avec

---

[1]. Le 19 octobre 1999, face au Manchester United de David Beckham.

Emmanuel Petit et le Franco-Brésilien Joaquim Francisco Filho, formateur à Clairefontaine qui a aussi entraîné les équipes de jeunes de Manchester United. Manu Petit fumait sur le quai de la gare : cela m'avait surpris, quand bien même il n'était plus joueur. J'étais au Pôle France à Marcoussis et la discipline était stricte : pas d'alcool ni de cigarettes. Puis, quand tu arrives chez les professionnels, tu te rends compte que cette rigueur n'est pas toujours respectée... Au lendemain d'un match contre Blackburn, William, lui, est venu m'encourager contre l'Angleterre à Twickenham, un stade où l'on est tout près du public, où ça rugit, où ça chante si bien. Pas de chance : ce dimanche-là, pour ma seconde sélection, on a encaissé plus de trente points[1] ! Certains veulent retenir de lui son but contre l'Irlande après la main de Thierry Henry, qui a qualifié les Bleus pour le Mondial, ou cette Coupe du monde 2010 en Afrique du Sud de triste mémoire. Ce serait dommage de se focaliser dessus. Je n'ai jamais parlé avec lui de ce qu'il s'est passé à Knysna. Cela ne m'intéresse pas. Il a pu bouder car Raymond Domenech ne lui avait pas confié le brassard de capitaine, peut-être a-t-il réagi ainsi car on lui a fait croire qu'il allait le porter. Ces choses leur appartiennent. On se voit peu alors, quand on le fait, on ne parle pas boulot ! Nous profitons de la famille. Notre dernière rencontre s'est déroulée en Guadeloupe peu avant que je ne signe à

---

1. Cinq essais dans la besace et une défaite 34-10 en mars 2009, dans le cadre de la quatrième journée du Tournoi des Six Nations.

Toulon. Nous avons mangé ensemble, à la cool. Il ne m'a pas spécifiquement prodigué de conseils mais il m'a parlé de l'environnement du sportif, me mettant en garde contre toutes les personnes qui cherchent à profiter de toi. Il m'a recommandé d'être méfiant, de faire attention, que l'argent se dépense vite et que ceux qui en réclament sont habiles.

Deux autres champions ont commencé leur carrière à Sainte-Anne : les frères Piétrus, brillants basketteurs. L'aîné, Florent, a été champion d'Europe en 2013 avec Tony Parker, Boris Diaw *and co*, champion de France trois fois avec Pau-Orthez, champion d'Espagne avec Malaga, tandis que le cadet, Mickaël, a passé dix ans en NBA, atteignant notamment en 2009 la finale avec le Magic d'Orlando contre les Lakers de Los Angeles. Les Piétrus sont aussi des membres de ma famille, certes éloignés. Leur grand-mère est en effet une cousine de mon grand-père ! C'est mon oncle qui me les a présentés, en Guadeloupe. Florent était là également lors de la 11e édition de la Nuit du Rugby, en octobre 2014. L'intérieur de Nancy remettait un prix. De mon côté, j'étais nommé pour le Trophée de la Ligue nationale et Provale[1] au titre de meilleur joueur international français, en lice avec Damien Chouly (Clermont), Brice Dulin (Castres Olympique) et Yoann Huget (Stade Toulousain). Les Piétrus ont l'accent : on sent qu'ils sont nés aux Abymes ! Quand je retourne en Guadeloupe, je suis constamment dehors, à voir la famille, les

---

1. Le Syndicat national des joueurs de rugby.

amis, me reposer. Je ne quitte pas Sainte-Anne. Je suis allé une fois avec mes parents visiter Saint-François et Pointe-à-Pitre. Désormais, je ne bouge plus de chez moi. Être au contact des miens à Sainte-Anne me suffit. Je ne suis pas un grand explorateur...

8

Parce que Toulon

Se remettre en question est un besoin impérieux. Une nécessité vitale pour avancer. Au Stade Français, j'avais fini par réciter mon rugby, sans âme. J'y ai joué quatre saisons mais, par souci d'honnêteté, je ne devrais pas comptabiliser la dernière. Je vivais une période d'autoflagellation. Que l'on perde ou que l'on gagne, j'allais faire la fête après le match. Oh, rien d'exceptionnel. Je me rendais au Café Oz, à Châtelet, mon repaire dans le centre de Paris, pour descendre quelques verres de vodka Red Bull. Mon unique but : m'amuser et, si possible, finir la soirée avec une fille. Le résultat fut à l'avenant : je suis devenu de moins en moins performant sur le terrain. Bref, un énorme gâchis !

Sur la fin, je n'ai pas été respectueux envers ce club qui m'a tant donné, ni envers mes coéquipiers, ni envers moi-même. Je ne me rendais pas compte de mon comportement. Avec le recul, j'ai conscience d'avoir été ingérable. C'est bien simple : on ne pouvait rien me dire. Au moindre reproche, je devenais irascible. Je m'énervais pour un rien. Je n'acceptais tout simplement pas les critiques. J'étais dans le déni total, toujours persuadé de mon bon droit. Et, comme j'étais certain d'être titulaire, sans même devoir être performant à l'entraînement, je n'avais aucune raison de changer d'attitude. Sans personne pour me reprendre de volée, ni pour me dire les choses en face. J'aurais aimé que quelqu'un fasse preuve d'autorité et me balance au visage : « Oh Mathieu, arrête un peu ! Réveille-toi et bouge-toi le cul ! »

Un article du *Parisien* aurait pourtant dû me mettre la puce à l'oreille : des joueurs, sans dévoiler leur identité, se plaignaient de mon attitude, affirmant que désormais plus personne ne pouvait me supporter. Quelques jours plus tôt, je m'étais accroché avec un partenaire. Malgré tout, quand l'article est paru, je n'ai pas fait mon autocritique. Égoïstement, je me suis seulement senti trahi, car je ne pensais pas avoir de problèmes avec mes camarades du Stade Français. J'étais dans le déni. Sur le coup, comme nos résultats avaient décliné, j'ai eu le sentiment d'être transformé en bouc émissaire. La cible idéale. « Alors si je pose problème, si JE suis le problème, eh ben laissez-moi partir. Comme ça, c'est réglé ! » Et j'ai quitté Paris. Mais mon départ a été compliqué... Digne d'un feuilleton à rebondissements.

Dans mon esprit, il était clair que je voulais m'en aller. J'avais besoin de relancer ma carrière, de prendre un bol d'air, de respirer d'autres parfums. Entre l'entraîneur du Stade Français, l'Australien Michael Cheika, aujourd'hui sélectionneur de son pays, et les joueurs, le dialogue était réduit à sa portion congrue. Je tenais à changer de cadre de vie, d'ambiance, de coéquipiers. Partir, certes, mais pour aller où ? J'avais en tête une seule destination : le club de Toulon. J'en avais tellement envie que j'avais même congédié mon agent qui, jusque-là, n'était pas parvenu à me transférer sur la Rade. Ce dernier faisait passer ses intérêts avant les miens. C'est la période où j'ai commencé à faire le ménage autour de moi. Barré par Jonny Wilkinson, l'Argentin Felipe Contepomi était en partance du RCT pour le Stade Français. Cela m'ouvrait la possibilité d'un départ, dans le cadre d'un échange, auquel n'était pas fondamentalement opposé notre coach.

J'ai rapidement donné mon accord de principe à son président, Mourad Boudjellal, qui s'était battu pour m'avoir dans les rangs des Rouge et Noir. Sa première approche a été, disons, étonnante. Nous ne nous connaissions pas. La saison 2010-2011 n'avait pas encore démarré mais je ne la sentais pas. Les ondes n'étaient pas positives, j'avais l'intuition que quelque chose allait clocher, sans savoir exactement pourquoi. Le Stade Français disputait un match amical au stade Mayol, à Toulon. Après la rencontre, Mourad Boudjellal est venu discrètement me trouver. « Mathieu, ça va ? m'a-t-il interrogé. Désolé si on vous a battus ! » Puis il a été plus précis. « Écoute, je voulais savoir si ce que j'ai entendu dire était vrai. » Je lui ai demandé ce qu'il entendait par là. « Oui, apparemment, tu ne serais pas contre le fait de venir à Toulon... » J'ai répondu que, oui, en effet, ça me tentait. Le premier contact était établi !

La rumeur de mon désir de changer d'air était parvenue jusqu'aux oreilles de mon futur président par l'entremise de mon agent. Il s'était chargé de faire passer le mot à Philippe Saint-André, alors coach du RCT. Lequel a fait remonter l'information à Mourad Boudjellal, qui a tenu à en avoir le cœur net et vérifier que l'information était véridique. Dès lors, je n'ai plus eu qu'un objectif : rejoindre Toulon. Et je me suis tenu à cette unique position, même si d'autres noms de clubs ont circulé.

Si un accord n'avait pas été finalement conclu, étant professionnel j'aurais joué sans sourciller au Stade Français, avec lequel j'étais encore sous contrat. Certains ont imaginé que j'aurais pu me mettre en grève pour obtenir gain de cause. C'est bien mal me connaître.

Un épisode malheureux et complexe a facilité mon départ. Déjà peu en veine sur le plan sportif depuis son dernier titre de champion de France en 2007, Paris traversait également une passe difficile sur le plan financier. En mars 2011, Sportys, la régie publicitaire du Stade Français chargée du sponsoring, annonçait que sa faillite était proche. Une perte potentielle de 5 millions d'euros qui laissait à terme un trou béant dans la trésorerie du club. Le président du Stade Français Max Guazzini a alors sollicité son ex-entraîneur et ami, Bernard Laporte. Ses réseaux devaient aider à dénicher un nouvel investisseur. L'une de ses anciennes connaissances représentait en France les intérêts d'une société privée canadienne, la Fondation pour l'amélioration des conditions de l'enfance dans le monde (FACEM).

Dirigée par Job Ariste, un diacre baptiste d'origine haïtienne, elle proposait d'entrer à hauteur de douze millions d'euros dans le capital du Stade Français. Grâce à cet apport, signé mais non encore matérialisé, le club était sauvé de la relégation administrative en Pro D2 – voire même en Fédérale 1 –, par la Direction nationale d'aide et de contrôle de gestion (DNACG). Un nouveau départ s'amorçait. L'aventure, hélas, s'est terminée au tribunal[1]. Malgré l'ultimatum de la DNACG, aucun fonds n'a jamais été versé. L'obscure fondation canadienne s'est révélée être une belle escroquerie. Les documents et garanties fournis par la FACEM étaient des faux !

Alors qu'il bénéficiait d'une seule semaine pour sauver son « bébé » et éviter le dépôt de bilan, Max Guazzini a finalement réussi à trouver la perle rare. En juin 2011, après dix-neuf ans de présidence, il a cédé la direction du club, tout juste onzième du Top 14, à Thomas Savare, d'abord contacté pour faire partie d'un tour de table avec la FACEM. Ce centralien est le directeur général du groupe Oberthur Technologies, spécialisé dans les cartes à puce et

---

1. Le 21 juin 2011, Bernard Laporte, qui aurait versé 183 000 euros pour débloquer les fonds, a déposé plainte pour escroquerie à l'encontre de la FACEM auprès de la sous-direction des Affaires économiques et financières, à Paris. Max Guazzini a aussi porté plainte contre X, à titre personnel, toujours pour escroquerie. Le 24 juin, trois personnes seront mises en examen pour « escroquerie en bande organisée » et « faux et usage de faux ».

l'impression de billets de banque. La société fondée par son père a injecté plus de dix millions d'euros dans les caisses du Stade Français pour en prendre le contrôle.

Cet événement a changé la donne. Max Guazzini, qui serait resté président si la FACEM avait pris les rênes du club, n'était plus décisionnaire – il refusera par la suite le poste honorifique de président d'honneur proposé par Thomas Savare. Et Bernard Laporte, devenu administrateur du Stade Français, disparaissait également de l'organigramme. Un obstacle de taille en moins pour moi car, jusque-là, il n'était pas disposé à me faire partir. Le seul qui bloquait vraiment mon transfert, c'était Bernard !

« Mathieu Bastareaud reste au club. Il n'y a pas de rapport de force. Il aurait existé s'il avait pu partir, il ne pouvait pas partir, il est sous contrat, jusqu'en 2013. Il y a simplement une envie de le garder parce qu'il est bon. J'ai expliqué à Mathieu qu'il devait être important dans notre système. Maintenant, il y a un nouveau discours, un nouveau challenge. Il faut l'aider, il doit redevenir performant et avoir l'ambition d'aller plus haut, c'est-à-dire de retrouver l'équipe de France », a-t-il juré aux médias. Le 6 juin, pour aplanir nos différends et essayer d'avancer, nous nous sommes vus. Il m'a confirmé qu'il voulait me conserver, ce que je comprenais. Mais je n'avais pas l'intention de plier. Chacun campait sur ses positions, la conversation était un peu surréaliste puisque aucun de nous deux ne voulait céder. « Tu restes au Stade Français, tu n'as rien à faire à Toulon, point », m'a asséné Bernard. J'ai essayé de lui faire comprendre que le mieux pour moi était de partir. Il m'a proposé d'aller à l'étranger plutôt qu'à Toulon, j'ai refusé. Un dialogue de sourds, qui s'est achevé par un « Je vais réfléchir », promesse que l'on dit poliment dans ces cas-là afin de ne pas froisser son interlocuteur même si on n'en pense pas un mot...

J'avais donné ma parole à Mourad Boudjellal et j'entendais l'honorer. Tout de suite après le rendez-vous avec Laporte, je suis parti à Hong Kong disputer sous le maillot des Barbarians du Pacific un match de charité en faveur des victimes du séisme au Japon. Je l'avoue, j'ai joué la carte de la provocation : j'ai porté une chaussette aux couleurs du Stade Français, l'autre avec celles du RCT ! À l'issue de la rencontre, j'ai reçu un SMS de mon avocat maître Christian Chevalier avec, en lien, une déclaration toute fraîche de Bernard Laporte. Face à la presse, ce dernier venait d'affirmer avec aplomb que je souhaitais finalement rester à Paris. Mon conseiller demandait si je lui avais vraiment juré cela, j'ai aussitôt démenti. Un coup de bluff et une communication habile de la part de Bernard, disons que c'était de bonne guerre.

Depuis l'Asie, j'ai fait publier un communiqué, ce qui n'est pas dans mes habitudes. Signé de mon avocat, il précisait, ce 7 juin : « À la suite de cette rencontre, Mathieu Bastareaud a alors confirmé sa volonté de rejoindre le Rugby Club Toulonnais dans un entretien avec le journal *La Provence*. Mathieu Bastareaud comprend la déception de M. Bernard Laporte et confirme qu'il envisage son avenir sportif sous la direction de l'entraîneur M. Philippe Saint-André. » J'ai tenu bon, démontrant qu'aller à Toulon n'était pas un caprice d'enfant gâté. Je ne me sentais tout simplement plus bien à Paris. J'étais en fin de cycle, je sentais que c'était l'année de trop. Des donneurs de leçon m'ont fait la morale, commentant mon éventuel transfert en me pointant du doigt, me comparant à un sale gosse. Avec les péripéties de la FACEM, le Stade Français avait vraiment besoin de liquidités et je pouvais être un argument dans la balance.

Mourad Boudjellal était plus que jamais désireux de racheter mes deux dernières années de contrat, même si Bernard Laporte refusait. Ils s'invectivaient d'ailleurs par voie de presse. J'étais l'enjeu de leur âpre bataille ! Avec le recul, compte tenu du lien aujourd'hui entre les deux hommes, il est amusant de se rappeler que Laporte avait déclaré être allé jusqu'à me dire « des choses désagréables sur Toulon » qui, selon lui, m'avaient convaincu de ne pas rallier ce club. Aussitôt, Mourad avait répliqué, « à la Boudjellal », si je puis dire : « Mathieu Bastareaud se trouve dans un état psychologique qui ne lui permet pas de jouer au Stade Français. Bernard Laporte doit savoir que dans le monde réel, on n'a que des obligations quand on signe un joueur. Je suis content de l'énergie qu'il déploie dans ce dossier, j'aurais aimé qu'il mette la même quand il était au gouvernement au moment de défendre le DIC (droit à l'image collective pour les sportifs). Si psychologiquement on va à la guerre avec Mathieu, on pourrait ne pas être loin de l'enfance maltraitée au Stade Français ! Je me suis toujours inspiré du Stade Français et de Max Guazzini, qui n'a jamais essayé de conserver un joueur contre son gré. Paris est un grand club, Bernard Laporte est un enfant du Stade Français et il en sera un grand président, mais il doit comprendre ses joueurs. Et ce n'était pas la peine de dire n'importe quoi. Mathieu Bastareaud vit mal sa situation à Paris.» Le président toulonnais, qui tenait une conférence de presse officialisant l'arrivée comme entraîneur des avants d'Olivier Azam, rappelait aussi que le RCT avait accepté de libérer Contepomi à Paris « pour pas trop cher » et espérait avec ce geste un renvoi d'ascenseur.

À Paris, pendant que Thomas Savare prenait les commandes du club, je suis parti en vacances. Le jour de la reprise, alors que certains esprits chagrins étaient persuadés que je bouderais, je suis allé me présenter au nouveau président. Je lui avais demandé un entretien en tête à tête. Je lui ai expliqué le fond du problème, il s'est montré très compréhensif. Il m'a demandé si je voulais être augmenté, je lui ai répondu que ce n'était pas une question d'argent. J'avais tout bonnement besoin de me mettre en danger dans un nouvel environnement. Il a achevé la conversation d'un : « Je vais réfléchir. Je te recontacte. »

Deux jours plus tard, alors que je faisais du shopping du côté de Châtelet, Thomas Savare m'a appelé pour m'annoncer qu'il me libérait. Même s'il était déçu, il m'a souhaité bonne chance. « J'espère qu'un jour tu reviendras à Paris », m'a-t-il dit. J'étais

141

soulagé. En raccrochant, je suis parti aussitôt dans un bistrot tout proche, tenu par un ami. Et j'ai passé une semaine à faire ma tournée d'adieu. Elle a coûté cher à mon foie ! Il faut dire que, tous les soirs, je fêtais mon départ avec un collègue différent... L'issue était favorable tant pour le Stade Français que pour Toulon. Je remercie Thomas Savare qui, pour marquer son autorité alors qu'il venait d'arriver, aurait pu me forcer à rester. Et merci à Mourad Boudjellal d'avoir tenu bon et racheté mes deux dernières années de contrat.

Le 8 juillet, à deux mois de la Coupe du monde en Nouvelle-Zélande pour laquelle je n'avais pas été retenu, j'ai officiellement signé pour trois saisons avec le RCT. Les deux présidents se sont accordés sur les modalités du transfert en marge de l'Assemblée générale de la Ligue, à Carcassonne. L'équipe varoise, absente de la phase finale du Top 14 à cause d'une huitième place, a également recruté à ce moment-là l'Australien Matt Giteau (Brumbies), le Sud-Africain Bakkies Botha (Blue Bulls), l'Anglais Steffon Armitage (London Irish), Alexis Palisson (Brive) et Sébastien Tillous-Borde (Castres). Un beau casting.

Dix jours après la signature du contrat, j'ai été présenté au public toulonnais, au stade Ange-Siccardi, à Berg, le lieu d'entraînement, dans la banlieue est de la ville. Les autres recrues étaient là également, devant 2 000 supporters. Je n'ai pas pu m'entraîner tout de suite car j'étais en arrêt maladie jusqu'au 20 juillet, après une légère intervention chirurgicale visant à m'ôter un kyste au creux du bras gauche. J'avais hâte de retoucher le ballon, d'autant que j'avais un bon mois de retard sur mes futurs coéquipiers, qui en avaient fini avec leur préparation physique. Je suis arrivé au RCT sur la pointe des pieds, surtout pas en star. Je n'avais pas la garantie d'être titulaire. Ma priorité était de me reconstruire mentalement. L'urgence n'était pas de faire connaissance avec le *Pilou-Pilou*, ce célèbre cri de guerre et hymne officiel poussé avant chaque match depuis plusieurs années, qui se conclut par cette incantation propre à vous procurer des frissons : « Parce que Toulon / Parce que Rouge et Noir[1] ! »

Philippe Saint-André, président délégué au secteur sportif du club, avait largement milité pour que je vienne. Cela ne relevait pas de l'évidence car je sortais d'une saison catastrophique avec le Stade Français. Il faut bien le dire, j'avais été nul ! Mais Philippe n'est pas resté longtemps mon entraîneur : comme prévu, l'ancien capitaine du XV de France[2] a pris ses fonctions de sélectionneur au 1er décembre 2011, après la Coupe du monde. Ma première saison

---
1. Les paroles exactes du *Pilou-Pilou* : « Ah ! Nous les terribles guerriers du Pilou-Pilou / Qui descendons de la montagne vers la mer / Pilou-Pilou ! / Avec nos femmes échevelées allaitant nos enfants / À l'ombre des grands cocotiers blancs / Pilou-Pilou ! / Nous les terribles guerriers poussons notre terrible cri de guerre / AAAARRRGGGGHHHHH ! / J'ai dit NOTRE TERRIBLE CRI DE GUERRE ! / AAAARRRGGGGHHHHH ! / Parce que TOULON / ROUGE ! / Parce que TOULON / NOIR ! / Parce que TOULON / ROUGE ET NOIR ! »
2. À 34 reprises en 69 sélections, entre 1990 et 1997, Philippe Saint-André a porté le brassard. Il a marqué 32 essais au cours de sa carrière internationale.

a été quelque peu compliquée. Trop éparpillé, je ne parvenais pas m'investir à fond dans le rugby. La faute aux belles Méditerranéennes qui m'ont fait tourner la tête ? Pas seulement. Je continuais à sortir en boîte. Je me pensais encore à Paris ! En clair, j'avais signé à Toulon pour tenter de fuir certaines choses auxquelles j'avais pris goût dans la capitale mais, finalement, je reproduisais exactement les mêmes erreurs. Malgré des prestations irrégulières, le club, lui, a heureusement continué sa progression, malgré deux finales perdues : en Challenge Européen, face au Biarritz Olympique (18-21), et en championnat devant le Stade Toulousain, au Stade de France (12-18).

À la barre du RCT, pour succéder à Saint-André, j'ai alors retrouvé Bernard Laporte, fraîchement nommé manager général, six mois seulement après notre passe d'armes parisienne ! Mais chacun était dans son rôle. Je n'oublie pas que c'est lui qui, le premier, m'a convoqué en équipe de France, en 2007, car il croyait en moi alors que je jouais à Massy ; nous n'avons d'ailleurs jamais rediscuté de cet épisode. Lorsqu'il était secrétaire d'État chargé des Sports dans le second gouvernement de François Fillon, entre octobre 2007 et juin 2009, il lui arrivait, par pur plaisir, de jeter un œil à notre entraînement avec le Stade Français. Il avait ce club dans la peau et habitait en face du stade Jean-Bouin. Même s'il n'avait plus de fonctions dans le rugby, il respirait à fond ce sport, qui fait profondément partie de sa vie.

Le voir réenfiler le survêtement n'a pas été une surprise. Il est animé par une réelle soif de victoires. Bernard Laporte est un homme vrai, qui te dit les choses en face. C'est un sanguin, cela fait partie de sa personnalité. Avec moi, il s'est toujours montré dur et exigeant. Pour mon bien. Certes, parfois, ses remarques piquent et font mal. Il sait être virulent quand il le faut mais, en réalité, il agit de la sorte pour déclencher une réaction, pour qu'on lui montre qu'il a tort. J'ai encaissé en silence. Oui, il m'a mis du plomb dans la tête. De toute façon, s'il ne te dit rien, ce n'est pas bon signe. En effet, quand il ne compte pas sur toi, il ne te parle pas. Cela veut dire qu'il se fout de toi ! En revanche, s'il t'engueule et qu'il est constamment sur ton dos, c'est la preuve qu'il croit en toi. Encore faut-il être intelligent et répondre à ses attentes. À l'entraînement, il court, recadre, parle, râle. Il vit les choses à fond. Au fil du temps, il m'a fait prendre conscience de mes manques et notamment que je n'allais pas forcément dans la bonne direction, que j'oubliais l'essentiel. Une fois digérées et comprises ses remarques, tout est allé mieux. Bernard m'a rendu service et je l'en remercie.

Dès ma deuxième saison avec les Rouge et Noir, je me suis davantage senti à l'aise. Frédéric Michalak et le Néo-Zélandais Chris Masoe nous ont rejoints. Ah, Fred... J'adorais ce joueur. Au Pôle France, à Marcoussis, je l'avais croisé après les entraînements du XV de France, équipe dont il était l'icône, et il était adorable avec nous malgré son statut. J'avais été ému la fois où il m'avait dit bonjour ! Je ne lui en ai pas parlé, je conserve cela dans ma boîte à souvenirs. Fred joue en équipe de France depuis 2001, il a remporté quatre fois le Tournoi des Six Nations, trois fois la Coupe d'Europe et deux fois le championnat avec le Stade Toulousain. Et pourtant, à 32 ans, malgré son palmarès, qui s'est encore étoffé dans le Var, il n'est pas rassasié de titres. Chaque matin, il se livre à fond à l'entraînement. Il constitue un modèle du genre. Au final, nous avons remporté la première Coupe d'Europe de rugby de l'histoire du club, la H Cup. Un succès devant l'ASM Clermont Auvergne (16-15) à l'Aviva Stadium de Dublin. Toulon n'avait pas ramené de trophée sur la Rade depuis le Brennus en 1992. Plaisir personnel : j'ai été élu homme du match. Mais quelques jours plus tard, le 1er juin 2013, le Bouclier nous a échappé de peu, après notre défaite face à Castres (14-19), au Stade de France. Cette saison est importante puisque j'ai aussi retrouvé l'équipe de France après une longue éclipse. Plusieurs déclics m'ont conduit à donner le meilleur de moi-même, à commencer par le recrutement de Maxime Mermoz, qui évolue au même poste que moi. Une façon de me faire comprendre que j'étais sur la sellette, que c'était à moi de réagir et de me bouger les fesses.

Dans le même esprit, une discussion franche à l'orée de la saison a compté. Elle s'est déroulée avec Pierre Mignoni, ancien demi de mêlée international qui, sitôt la fin de sa carrière de joueur à Toulon en

2011, en est devenu l'entraîneur adjoint, chargé des lignes arrière[1]. C'était à l'aube de la reprise du Top 14, sur un banc qui jouxte le terrain d'entraînement. Entre quat'-z-yeux, il m'a repris de volée. Il m'a livré le fond de sa pensée avec conviction, m'a expliqué que je n'avais pas été très sérieux durant l'intersaison, pas assez vigilant. Il m'a martelé que l'arrivée de Mermoz de Perpignan, qui sortait d'une bonne Coupe du monde, était un signal, que la place restante se jouerait entre Matt Giteau et moi et que je ne partais pas favori si je ne me réveillais pas ! Il n'avait pas envie de me voir errer comme une âme en peine. Nous nous sommes dit nos quatre vérités. Cela a été utile.

À ses yeux, je n'étais qu'à 30-40 % de mon potentiel. Il m'a fait comprendre que le fait de ne pas mieux exploiter mon talent l'énervait au plus haut point. J'en avais conscience mais je me voilais la face. Pierre a été droit, franc et honnête. Il croyait en moi, ce qui m'a fait plaisir, même si j'ai toujours eu du mal avec les compliments, qui me mettent mal à l'aise. À l'issue de notre échange, je lui ai annoncé que j'étais résolu à faire les efforts nécessaires afin de redresser la barre. Il a alors mis en place des séances avec Gilles Allou, le préparateur physique, dès 7 heures du matin. Inutile de préciser qu'au début, je n'y étais pas très favorable ! J'en avais gros sur la patate mais j'ai serré les dents quand il fallait grimper

---

1. Pierre Mignoni sera la saison prochaine l'entraîneur principal du LOU, le Lyon Olympique Universitaire.

sur le scooter aux aurores – parfois, je m'infligeais même le trajet jusqu'au stade Ange-Siccardi en VTT – et j'ai appris à apprécier ces séances spécifiques, effectuées à jeun. Mes semaines étaient désormais bien remplies : lundi, mardi, mercredi et jeudi, rendez-vous à 7 heures avec Gilles, puis entraînement collectif classique. Match amical le vendredi et reprise des séances à 7 heures le samedi.

Au cours de ces exercices, je ne travaillais que le physique. Boxe, sauts, corde à sauter, biomécanique, médecine-ball, c'est-à-dire les ballons lestés que l'on utilise pour les exercices d'assouplissement et de musculation, etc. Bref, un programme sur mesure, très varié, pour éviter la routine. Mon quotidien s'est transformé. Je me suis senti de mieux en mieux, je suis redevenu performant. Plus explosif, plus tranchant, plus efficace dans mes déplacements. Le Mathieu qui s'était un peu perdu en route se retrouvait. J'émergeais enfin. Mon physique aussi évoluait. Au Stade Français, à mes débuts, je devais peser entre 115 et 118 kilos, à Toulon j'avais débarqué à 128 sur la balance lors de ma première pesée. Ma tournée d'adieu à Paris et les vacances en Guadeloupe qui ont suivi ont pesé lourd ! Je me suis remis au travail et surtout au niveau, ne me contentant pas de mes facilités naturelles.

Un match, selon moi, me sert de référence. Un match au cours duquel je me suis libéré complètement. Il a eu lieu en octobre 2012, en Coupe d'Europe, face aux Cardiff Blues. Un succès 22 à 14 conquis à l'Arms Park lors de la deuxième journée de H Cup. Les Gallois n'avaient plus perdu à domicile en joute continentale depuis 2006. Leur buteur, Leigh Halfpenny, désormais chez nous, n'a rien pu faire face à notre détermination. J'étais content car je n'ai flanché à aucun moment, j'ai été performant tout au long des 80 minutes.

Auparavant, j'alternais, je fonctionnais par cycles, par éclairs. Je pouvais réussir une très belle action puis disparaître totalement. La période était réjouissante puisqu'au mois de décembre, après un large succès face à Grenoble (39-3), le public de Mayol a scandé mon nom pour la première fois depuis mon arrivée, ce qui m'a fait chaud au cœur. Et, le mois suivant, pour le retour contre Cardiff, notre victoire bonifiée (45-25), ponctuée d'une passe décisive à Alexis Palisson et d'un essai, nous propulsait en quarts de finale de la Coupe d'Europe avant même la dernière journée.

Quand j'ai revu certaines de mes actions passées, je me suis aperçu que je me cachais un peu trop derrière tous les grands joueurs de l'effectif. Bernard Laporte, pourtant, nous répétait que tout le monde devait être au diapason, que six joueurs seuls ne pouvaient tout faire. Forcément, lorsque tu es entouré de tels cadors, tu ne tiens pas à être le boulet ! Je ne voulais pas faire figure d'intrus. J'imaginais le lecteur de *L'Équipe* épluchant le compte-rendu du match puis la composition d'équipe et tiquant devant mon nom. C'était à moi de renverser la vapeur. J'étais sur la bonne voie. Et comme je venais de rencontrer Laurent Quaglia, devenu mon agent, j'ai pu enfin me concentrer sur l'essentiel.

Le travail physique au quotidien a été salutaire. Philippe Saint-André puis Bernard Laporte ont eu raison de me convaincre de produire plus d'efforts et de mieux me préparer. Jusque-là, j'étais le premier à partir de l'entraînement ! Pierre Mignoni aussi a su trouver les mots tandis que Gilles Allou n'a pas ménagé son soutien. Bras droit du préparateur physique en chef Steve Walsh[1], il a réussi à m'amadouer et notre relation s'est intensifiée. Il y a bien eu quelques heurts, notamment quand j'ai eu le sentiment de servir de cobaye pendant les séances de biomécanique, une spécialité dont je n'avais alors, il faut le reconnaître, jamais entendu parler. Lorsqu'il m'a proposé des séances, j'y suis d'abord allé à reculons, faisant profil bas car je ne devais pas trop la ramener, mais je n'en pensais pas moins. Au final, j'ai adoré. J'apprécie de travailler avec Gilles, qui m'a véritablement aidé à remettre la machine en route. Il a été constamment disponible. Je me suis également appuyé sur les conseils de Jean-Jacques Rivet, professeur de biomécanique appliquée au sport à l'université d'Aix-Marseille-II et biomécanicien de l'équipe de France de golf. Kinésithérapeute de formation, ancien sportif, je lui ai rendu visite au pôle national de golf à Fayence afin qu'il me permette

---

1. À l'été 2014, le préparateur physique de Toulon, l'Anglais Steve Walsh, a rejoint le staff des London Irish.

de cibler mes points faibles. J'ai aussi consulté, afin de mettre tous les atouts de mon côté, le docteur Sylvain Blanchard, qui fait partie de la cellule médicale de l'Olympique de Marseille et s'occupe notamment de diététique. Je l'ai rencontré à la Commanderie, lieu d'entraînement de l'OM, grâce à Jean-Pierre Darnaud, l'ostéopathe du RCT. J'ai beaucoup de tendresse pour lui. Son soutien a été précieux et, quand je n'avais pas le moral, il a été un peu mon confident. Nous parlions rugby mais aussi de la vie en général.

Début mars 2015 est paru un livre qui dénonçait l'existence présumée de pratiques dopantes dans le rugby[1]. Il visait notamment Jean-Pierre Darnaud, qui exerce à Toulon depuis cinq ans, l'accusant d'avoir des « méthodes controversées ». Passé aussi par Gloucester en Angleterre et Clermont, kiné depuis 1981 et diplômé de l'École européenne d'ostéopathie sept ans plus tard, Jean-Pierre est un personnage atypique. Je n'ai aucun doute sur sa probité et sa déontologie. Quand j'entends qu'il est présenté comme un « gourou », alors que je travaille avec lui tous les jours... Je ne prétends pas que le dopage n'existe pas dans le rugby, ce serait ridicule. J'espère ne pas être naïf mais je suis persuadé qu'il n'existe pas de pratique organisée. Seules des démarches individuelles peuvent avoir cours. Il y a surtout beaucoup de fantasmes qui circulent...

---

1. Pierre Ballester, *Rugby à charges, l'enquête choc*, Éditions de La Martinière.

À titre personnel, je n'ai jamais été confronté au dopage. Jamais on ne m'a proposé un produit interdit. Quand j'étais en équipe de France dans les sélections de jeunes, en scrutant le visage et les corps des joueurs de l'hémisphère Sud, nous pouvions émettre quelques doutes : « Ce n'est pas possible, la manière dont ils sont taillés ! » Plus tard, en côtoyant en club des partenaires sud-africains, australiens ou néozélandais, j'ai pu mesurer la façon intense dont ils travaillent. Là-bas, ils n'ont pas du tout la même formation que nous, ni le même rapport à la culture physique. Quand j'observe Matt Giteau à l'entraînement, il a beau être une crevette[1], il enchaîne les exercices à un rythme effréné. Échanger avec eux permet de comprendre qu'ils démarrent par exemple la musculation dès quinze ans quand, à cet âge-là, en France, nous nous contentons de pousser deux-trois barres. J'ai attendu 17-18 ans et le Pôle France de Marcoussis pour soulever de la fonte régulièrement. L'hémisphère Sud a toujours été en avance sur nous, dans la préparation notamment. Et, chez eux, prendre des compléments alimentaires faisait partie de leur culture. Il n'y a pas de tabou sur le sujet.

Selon moi, c'est l'ignorance qui amène la suspicion. Quand j'ai démarré le rugby, j'entendais protéines et je pensais dopage. Quand je croisais des athlètes avec des shakers de vitamines, je pensais encore dopage. Prenons la musculation. J'ai appris là aussi à aimer cela. Plus jeune, je n'étais pas fan de

---

1. 1,78 mètre pour 85 kilos quand même.

culture physique. Ma seule priorité consistait à jouer au rugby. Mais, pour évoluer chez les professionnels, la musculation est devenue indispensable. Je ne la pratique pas au quotidien mais, en général, je réalise trois séances par semaine. Ce que me propose Gilles Alou est court, intense, ludique et intelligible. Surtout, il m'explique en quoi effectuer tel ou tel exercice me servira sur le terrain. J'ai besoin de comprendre avant d'exécuter. Et comme ce n'est jamais rébarbatif...
L'une des qualités de Gilles est d'être à l'écoute. Certains préparateurs physiques te font bosser mais tu as l'impression qu'ils le font davantage pour eux que pour toi ! Gilles, lui, parvient à te faire comprendre que l'exercice n'est pas important pour lui mais pour le joueur. C'est simple : en général, le préparateur physique est le membre du staff le plus détesté car c'est celui qui te fait souffrir. Mais j'apprécie de souffrir sous ses ordres ! Pour ce qui est de l'absorption de produits interdits, je suis particulièrement vigilant. Je fais attention au moindre détail. Par exemple, quand je suis enrhumé, je ne prends pas n'importe quoi. Des médicaments peuvent en effet contenir des substances illicites ou des agents anabolisants. À la fin de l'automne dernier, j'avais de puissantes douleurs aux dents. J'aurais pu être soigné plus rapidement mais là encore des produits figuraient sur la liste interdite. Si j'ai mal à la tête ou au ventre, ou bien que je suis malade la nuit, j'envoie un message au médecin du RCT avant d'absorber quoi que ce soit.

En équipe de France des moins de 19 ans, un partenaire avait été inquiété : enrhumé, il avait pris un spray nasal. Or le spray contenait un produit contre-indiqué. C'est pourtant un médecin de la Fédération française qui le lui avait prescrit mais il n'avait pas été assez attentif. Il ne s'agissait pas d'une prise délibérée, avec l'intention de se doper.

Je fais attention à tout. Au sujet des compléments alimentaires, étant naturellement costaud, je n'ai pas particulièrement besoin de prendre de la masse musculaire. Mais en consommer est autorisé dans certaines proportions, avec l'aval du préparateur physique et du médecin. Surtout, il convient de se méfier des produits achetés sur Internet.

Je comprends que certains puissent s'étonner des changements de physionomie. Si vous me montrez une photo de moi il y a trois ans, je trouverai aussi la différence frappante. Mais cela ne constitue pas une preuve. La plupart ne nous voient que le samedi sur le terrain, ils n'imaginent pas que toute la semaine nous travaillons avec énergie. Ce n'est plus le même sport que par le passé. Auparavant, on s'entraînait deux fois par semaine. Nous, c'est tous les jours, voire deux fois par jour. Avec de plus un programme individualisé. Nous avons des objectifs de poids, de performances physiques. Nous sommes pesés deux fois par semaine. Le staff par exemple nous fait porter un petit boîtier dans le dos connecté à un ordinateur, sous la forme de balises GPS. Les données récupérées constituent des informations précieuses, comme la distance parcourue, l'accélération, le pic de vitesse ou notre position. Le joueur de rugby moderne est une Formule 1. Une mécanique de haute précision.

Mon partenaire à Toulon et en équipe de France, Sébastien Tillous-Borde, a pu exciter la curiosité car, entre 17 et 22 ans, il a pris beaucoup de kilos de muscles. Comme je m'entraîne tous les jours avec lui, je peux confirmer qu'il bosse comme un fou. Et, concernant son hygiène, il pèse chaque aliment. Le soupçon est insupportable. Il s'en est expliqué[1]. Lorsque je suis arrivé dans le rugby professionnel, ce sont des gaillards que l'on cherchait, pour rivaliser avec l'hémisphère Sud. Les joueurs néo-zélandais, australiens ou sud-africains étaient physiquement déjà prêts et avaient un temps d'avance sur nous. Mais encore une fois, cela ne signifie pas qu'ils se dopaient. Et si la France a comblé cet écart, cela ne veut pas dire que nous avons triché pour les rattraper !

Les contrôles antidopage sont très fréquents. Nous y sommes très souvent confrontés après les matches, avec des joueurs tirés au sort. Après la dernière finale du Top 14, l'intégralité des acteurs a été contrôlée. De mon côté, pour effacer la fatigue, on m'a déjà prescrit du Berocca, qui contient des vitamines B1, B2, B3, B5, B6, B8, B9, B12, C, du calcium, du

---

[1]. Le demi de mêlée international a confié dans *L'Équipe* : « Ça fait onze ans que je joue au haut niveau, il y a le suivi longitudinal, trois fois par an. Il doit y avoir mes trente-trois feuilles de passeport biologique à consulter. (...) C'est vrai que, pour la personne qui ne m'a pas revu, disons entre dix-sept et vingt-quatre ans, ça a dû lui faire bizarre. Mais, pendant que certains buvaient des coups et faisaient la fête, je m'entraînais. »

magnésium et du zinc. Ce ne sont pas des amphétamines ! Tout est vérifié par le médecin. Je sais quel produit je prends et dans quel but. Oui, je consomme des compléments alimentaires, avec l'accord du club. J'en ai pris l'initiative. Je n'ai pas besoin d'avoir plus de masse musculaire mais ils m'aident pour la récupération. Pascale Lambrechts, le médecin du RCT, est au courant de tout, notamment quand je suis sous antibiotique. Aucune fantaisie n'est tolérée. Si elle refuse que je prenne un produit, j'obéis.

Les compléments alimentaires font aujourd'hui partie de mon alimentation. Ce matin, par exemple, avant l'entraînement, je me suis fait un petit shaker de protéines et un blanc de poulet. Après la musculation, je reprendrai un shaker de protéines. Et, le soir, un shaker de boisson de récupération. Il n'y pas si longtemps, la diététique ne m'intéressait pas. Je n'y prêtais pas attention. Mais j'ai compris que c'était important, que mes performances s'en ressentaient. Je ne suis pas aussi efficace à 127 kilos qu'à 124. Plus léger, j'arrive à répéter les efforts. Des gabarits comme Uini Atonio[1] ou moi ne pouvons pas faire n'importe quoi. Notre morphologie ne s'y prête pas. Un Delon Armitage, en revanche, peut ingurgiter deux McDo, il ne prendra pas un gramme. Nous, si nous nous laissons aller, nous pouvons facilement grossir de quatre kilos. Et puis faire le yo-yo sans

---

1. Samoan, né en Nouvelle-Zélande, pilier droit du Stade Rochelais depuis 2011, dont il est aujourd'hui le capitaine, l'international français Uini Atonio, 25 ans, pèse 150 kilos pour 1,96 mètre.

arrêt n'est pas bon pour le corps. J'ai donc un programme alimentaire à respecter scrupuleusement. Je m'autorise toutefois un écart par semaine. Pour le reste, je suis sérieux, je ne prends pas d'alcool en semaine. En revanche, après le match, je ne refuse pas une petite bière pour décompresser un peu...

9

Voyage à l'intérieur de mon cerveau

Il est rare que je n'aie pas l'estomac noué avant que démarre un match. La boule au ventre, je vis avec depuis longtemps. Depuis que je ne pratique plus le rugby de manière insouciante et spontanée. Une époque révolue, quand la pression du résultat, du public ou des dirigeants n'existait pas, quand seul le plaisir comptait. Ce stress peut aussi se traduire chez moi d'une manière peu élégante : il m'arrive, dans les minutes qui précèdent une rencontre, de me faire vomir dans le vestiaire ! Pour y parvenir, si je puis dire, j'avale beaucoup d'eau et de boissons énergisantes. Puis je rejette tout ! C'est rare mais cela s'est produit encore cette saison. Certains de mes coéquipiers sont dans un état similaire.

Je n'ai pas de technique particulière pour me préparer à aborder la partie. J'essaie toutefois de laisser venir des images positives, qu'elles s'incrustent dans ma tête. Je peux penser à une belle combinaison, à un raffut, à un cadrage débordement, voire à un essai marqué. Dans le couloir qui mène à la pelouse, je ne suis pas du genre à toiser l'adversaire. Plus jeune, j'ai senti portés sur moi ces regards de défiance, de provocation, d'interrogation aussi, sur le thème : « Mais qui c'est ce mec ? D'où est-ce qu'il sort ? » Mon gabarit de l'époque – plus d'1,80 mètre et 110 kilos – était hors normes et mes rivaux ignoraient comment me prendre en défaut.

Plutôt que sur le joueur en face, celui que je vais m'employer à empêcher de passer, je me concentre sur moi-même. Bernard Laporte nous le répète d'ailleurs souvent : « Les autres, on s'en fout. L'important, c'est nous. » Fonctionner autrement est pour moi synonyme de perte d'énergie et risque de me faire sortir de la partie. Je parviens heureusement aujourd'hui à ne plus être dans tous mes états avant le match. Mes crises d'angoisse diminuent. Du moins je parviens à les gérer. Je n'hésite plus, désormais, à répondre par la négative lorsqu'on me demande quelque chose, et je ne me fais plus tout un monde d'implorer de l'aide en cas de besoin.

Ces phénomènes qui m'habitent, je ne les cache plus. Je ne crains plus qu'on me prenne pour un fou si je dévoile mes tourments, ni les jugements négatifs ou les moqueries. Ma parole s'est libérée. Je le dois en grande partie à Meriem Salmi, psychologue à l'Institut national du sport, de l'expertise et de la performance (INSEP), rencontrée à mes débuts au Stade Français. Visionnaire, elle a instauré un accompagnement psychologique dans tous les centres de formation de rugby, consciente que les jeunes joueurs subissent beaucoup de pression pour réussir, qu'elle émane des parents, de l'entourage ou des formateurs.

Une pression compliquée à appréhender, par exemple pour quelqu'un dont la famille est très éloignée. Outre la solitude, nous devons souvent affronter le froid, les blessures, ou encore la frustration de ne pas pouvoir jouer.

Après mes péripéties en Nouvelle-Zélande et ses conséquences, j'ai multiplié mes rendez-vous avec Meriem. Elle m'a permis de progresser, de mettre des mots sur mes sentiments quand le moral était atteint, quand j'avais des crises. En reparlant de mon mensonge, il est apparu évident que des signes avant-coureurs du désastre étaient déjà là. Meriem avait compris que je couvais quelque chose avant de partir et finalement elle n'a pas été si étonnée lorsque je lui ai confié par la suite quel avait été mon vécu avant l'épisode de Wellington.

Au tout début de nos « confrontations », c'est surtout elle qui posait des questions. Plutôt renfermé et d'un naturel peu bavard, j'étais sur la défensive. Ensuite, l'échange a véritablement commencé à naître, dans un cadre toujours très professionnel. Je lui raconte le positif comme le négatif. Je lui communique mes peurs, mes envies, mes joies et mes peines rapportées au terrain. J'ai encore avec elle cette pudeur qui m'incite à ne pas trop parler de ma famille ou d'autres sujets plus personnels. Je pourrais, je devrais. Mais je n'ose pas. Nos conversations se limitent au rugby, à mon état d'esprit dans le club, les échéances, l'ambiance.

Petit à petit, j'ai appris à me lâcher un peu plus. Meriem m'a donné certaines solutions afin de pouvoir, lorsque j'ai un coup de moins bien, relancer la machine et ne pas décrocher. Un psychologue du sport diffère du préparateur mental qui, lui, est plus attentif aux routines de l'athlète ou à l'imagerie positive. Meriem, elle, dissèque les ressorts intimes. Membre de la délégation française aux Jeux olympiques de Pékin en 2008, elle a collaboré avec des sportifs de très haut niveau. Leurs noms ont été dévoilés par les champions eux-mêmes et notamment le judoka Teddy Riner, qu'elle suit depuis qu'il a quatorze ans et qui s'est toujours exprimé librement sur le sujet. Elle a aussi partagé son expertise avec le pilote de Formule 1 Romain Grosjean, les athlètes Ladji Doucouré ou Teddy Tamgho. Elle ne met jamais en avant sa carte de visite mais ses « clients » savent ce qu'elle peut leur apporter[1]. Avec elle, je suis à l'aise, je me livre. Elle est humaine et droite, ce qui rend la conversation plus facile. Elle me connaît depuis longtemps, elle sait interpréter un rictus, une expression. Je ne peux rien lui cacher ! Si elle a exercé entre 2000 et 2013 à l'INSEP, dans le bois de Vincennes, avant d'ouvrir son cabinet près de l'Opéra de Paris, nos rencontres avaient lieu chaque

---

1. Dans un rare portrait d'elle, paru en mars 2014 dans *Le Journal du dimanche*, Meriem Salmi décryptait ainsi son métier : « Quand on leur donne des indications, les sportifs les comprennent et les exécutent avec une vitesse hallucinante. Ils savent s'adapter, comprendre les autres, lire les regards, le langage des corps. Malheureusement, l'intelligence émotionnelle n'est pas considérée comme noble en France. [...] J'observe tout : le cercle familial, amical, amoureux, l'enfance... Vu le niveau d'exigence de la compétition, le moindre déséquilibre peut faire basculer les choses. »

semaine dans une salle isolée du Stade Français. Du fait de mon éloignement à Toulon et d'un emploi du temps particulièrement rempli, j'ai espacé les séances.

J'ai toutefois éprouvé, à l'été 2014, l'envie de reprendre nos séances avec un peu plus d'assiduité. J'en avais marre de gamberger tout le temps. Désormais nous fonctionnons par Skype. Consulter Meriem est un choix personnel. Dans un passé récent, lorsque était évoqué l'accompagnement psychologique des sportifs par des coaches, la défiance régnait et les interrogations fusaient. Encore aujourd'hui, beaucoup n'imaginent pas l'intérêt de ce genre de séances. Les détracteurs, ou plutôt les ignorants, partent du principe que le rugby est notre passion, que nous en vivons, et donc que nous ne pouvons être qu'heureux, que nous ne devrions pas connaître le moindre problème dans l'existence. « À quoi ça sert ton truc ? » me demande-t-on. J'en ai besoin, c'est tout. Cela me fait du bien. Heureusement, les esprits intègrent enfin, tout doucement, l'aspect psychologique. Et ce n'est plus tabou dans le sport. J'appelle Meriem quand je sens que je commence à perdre pied ou à être moins bien alors que tout devrait aller dans le bon sens. Un sportif n'en reste pas moins un homme, avec ses failles et ses fragilités. J'adore parler avec elle. Elle lit en moi comme dans un livre...

Au début de la saison, elle m'a aussi encouragé, pour me détendre et me relaxer, à utiliser une méthode à laquelle elle a elle-même recours : la pleine conscience, *mindfulness* en version originale.

Cette forme de méditation, qui plonge ses racines dans le bouddhisme, est une façon de focaliser totalement son attention sur le moment présent, grâce à la respiration, avant d'analyser les sensations ressenties pour réagir face à celles-ci. De quoi permettre de diminuer le stress en acceptant ainsi ses émotions. Pour quelqu'un comme moi qui dort peu et cogite énormément, c'est idéal.

Pour être tout à fait honnête, malgré les conseils de Meriem, je n'ai pas vraiment commencé à m'y mettre ! En revanche, j'ai enregistré des séances sur mon téléphone. La nuit, quand j'ai un moment d'angoisse ou que je tourne en rond à la maison, j'écoute Meriem. C'est une façon comme une autre d'occuper mon esprit, de débrancher le cerveau, une fois que j'ai fini de tout ranger dans l'appartement pour la millième fois alors que tout est impeccable ! Je me pose alors, je prends les écouteurs. Cela dure cinq-six minutes, pendant lesquelles j'écoute Meriem, qui me demande de me relâcher complètement. Et ça marche... Je peux aussi le faire avant ou après un entraînement. À l'heure du déjeuner, je m'asseois dans un coin et je coupe tout pour me concentrer. Travailler ma respiration m'apaise.

Si je consulte une psychologue du sport, je ne fais pas de prosélytisme. Je n'en parle pas spontanement à mes partenaires. D'ailleurs, presque aucun joueur du RCT n'est au courant, y compris Delon Armitage, qui partage pourtant ma chambre en déplacement et dont je suis très proche. Je pense qu'il ne comprend pas quand il me voit assis sur le lit, le casque sur les oreilles et les yeux fermés. Il doit songer que j'écoute de la musique. Même aux toilettes, il m'arrive d'emmener Meriem dans mes oreilles ! J'ai de toute façon besoin d'effectuer des points réguliers avec elle, et pas seulement parce que c'est une année de Coupe du monde.

Chez moi, il m'arrive aussi de me poser, de prendre un bout de papier et d'inscrire ce qu'il faudrait que je change pour m'améliorer. Dans mon entraînement de sportif mais pas seulement. J'enlève des choses, j'en rajoute, je modifie. C'est comme une liste de courses ! Quand je parviens à rectifier une chose, je la raye. À la suivante ! Le sentiment est agréable. Avant de me coucher, je peux aussi dresser une liste de ce que je dois faire le lendemain dans la journée. Une façon de me rassurer mais qui peut, aussi, me rendre maniaque et dépendant. Par exemple, si j'ai noté et prévu d'acheter une bricole et que je n'ai pas le temps de le faire, cela peut me ronger jusqu'au soir. Cet état d'esprit me fragilise car la vie est remplie d'imprévus. Je m'évertue donc à ne pas m'accrocher au-delà du raisonnable. Il est indéniable que Meriem m'a fait progresser. Son accompagnement est précieux. Aujourd'hui, j'identifie beaucoup plus rapidement mon état émotionnel et psychologique quand je connais un coup de mou. Auparavant, j'étais constamment dans la réaction. Je suis aujourd'hui davantage tourné vers l'anticipation. Je n'attends plus le surplus d'émotions pour réagir.

J'ai une confiance totale en Meriem. Je la connais depuis l'adolescence, j'ai noué avec elle un lien pour ainsi dire maternel. Du coup, comme avec une maman, je ne veux pas l'inquiéter. Je me livre ainsi un peu moins, je reste à la surface, par crainte de l'affoler.

Avec mon préparateur mental, Faisal Ibnel Arrami, la relation, nettement plus récente, est différente. J'ai moins de retenue qu'avec Meriem, je lui parle de choses plus privées, pas seulement axées sur le professionnel, avec davantage de détails. Âgé de 30 ans, Faisal est boxeur. Ancien champion de France et champion d'Afrique chez les lourds-légers, aujourd'hui poids lourd, il vit à Toulon et possède la triple nationalité : française, tunisienne et marocaine. En plus de des activités dans le « noble art », il est médiateur auprès de la jeunesse et coach. Je bénéficie à titre privé de son aide dans ma préparation mentale depuis le mois de janvier 2015. Faisal collaborait avec Sébastien Tillous-Borde. J'ai pu observer l'évolution du jeu et de la personnalité de mon partenaire. Le premier à m'avoir parlé de lui est Olivier Missoup, ancien troisième-ligne du RCT et du Stade Français, aujourd'hui à Oyonnax. Puis Jean-Pierre Darnaud, l'ostéopathe de Toulon, qui aime trouver des solutions et à qui j'aime me confier, a arrangé le rendez-vous.

Très vite, cela a collé. Nous ne devions nous voir que dix minutes, la rencontre a duré une heure. La réunion suivante deux heures, puis quatre heures. Il ne m'entraîne pas à la boxe et ne s'occupe pas de ma condition physique mais de ma tête ! Alors qu'avec Meriem, j'ai davantage travaillé dans l'urgence car, lorsque nous avons démarré les séances, la situation était déjà préoccupante. Son combat, si je puis m'exprimer ainsi, a consisté à essayer de m'apaiser et de comprendre certaines choses sur moi. Notre relation a évolué, devenant presque filiale. La différence avec Meriem peut paraître imperceptible mais je la sens clairement. La problématique avec lui est beaucoup plus large. Nous abordons n'importe quel sujet de ma vie, qu'il s'agisse de mes relations avec ma famille et mes amis, ou de l'aspect sportif. Il me coache aussi bien sur mon alimentation que, désormais, sur quelques exercices proches de la préparation physique. Je sors de chaque rendez-vous avec lui en ayant appris une chose et, surtout, équipé d'un nouveau bagage afin de pouvoir gérer des situations que, jusque-là, je n'aurais pas su affronter et gérer. Nous échangeons, c'est un dialogue constant. Son regard est neuf, bienveillant mais pas complaisant. Depuis que je le consulte, je gamberge moins et donc je dors mieux. J'ai besoin d'être bien dans mon corps mais aussi bien dans ma tête pour donner le meilleur de moi-même sur le terrain. Il me permet d'être dans une bonne dynamique mentale. C'est précieux car je suis par nature stressé et angoissé.

Faisal m'aide aussi à dissocier les choses. Je me réjouis qu'il ait déverrouillé pas mal de portes. Nos rendez-vous se déroulent dans un lieu clos, au calme. Il me donne aussi quelques exercices. Je lui parle de ce que je ressens sur le terrain, je peux aussi l'appeler pour débriefer un match, surtout quand je suis contrarié ! Je l'ai joint par exemple quand j'ai appris mon statut de remplaçant face au pays de Galles, le 28 février 2015, au Stade de France, dans le cadre du Tournoi des Six Nations. Pour jouer au centre au côté de Wesley Fofana, Philippe Saint-André avait décidé de lancer Rémi Lamerat. Le sélectionneur a eu beau expliquer publiquement qu'il ne s'agissait pas d'une sanction contre moi, qu'il espérait au contraire que ma « puissance » nous apporterait « plus en fin de match », j'avais les boules de m'asseoir sur le banc. Titulaire pour les deux premiers matches de la compétition face à l'Écosse (15-8) et l'Irlande (11-18), associé au centre avec Wesley, je ne pensais pas avoir démérité.

Faisal m'a fait prendre conscience que je n'étais pas animé par un sentiment de déception mais par une crise d'ego. Il a insisté pour que je me rentre ça dans le crâne. Habité par cette rage de ne pas être aligné d'entrée, je diffusais des ondes négatives qui consommaient mon énergie. Il convenait de sortir de ce schéma. Il a su me convaincre que ce n'était pas une punition, que le staff du XV de France agissait de la sorte car il avait confiance en moi. Nous en avons discuté une heure durant. J'ai réfléchi et j'ai réussi à transformer mon statut de remplaçant en quelque chose de positif, afin d'être utile à l'équipe. Avant, j'aurais boudé toute la semaine à Marcoussis, ne donnant pas tout aux entraînements, sur le mode : « Démerdez-vous, je fais mes vingt minutes et puis c'est tout... » Là, au contraire, je me suis fortement impliqué, j'ai essayé d'aider les plus jeunes en leur transmettant mon expérience, j'ai participé à la séance vidéo.

Cette petite crise d'ego aurait été néfaste. Il aurait été tellement inutile de ne penser qu'à sa gueule ! Rien qu'à ce niveau-là, Faisal m'a fait évoluer. Face au pays de Galles, Rémi Lamerat, qui fêtait sa première titularisation, s'est blessé dès le premier quart d'heure de jeu à la cuisse et je l'ai remplacé, disputant une partie correcte malgré la défaite (13-20). Devant les micros tendus après le match, j'avais pris la parole pour exhorter le groupe à se réveiller à la suite de ce second revers d'affilée, assurant par exemple : « On travaille bien durant la semaine, on est sérieux et appliqués, il y a un bon état d'esprit, le groupe vit bien, comme on dit, et le samedi on n'arrive pas à le retranscrire. Il y a un blocage que je n'arrive pas à expliquer. On a un peu peur de se faire taper sur les doigts. Par les journalistes, par le staff... On a peur de la mauvaise note, de la critique à la vidéo. Il faut arrêter de se cacher ! Montrer que nous sommes des professionnels et assumer. Pour ma part, j'assume. Il nous reste deux matches dans ce Tournoi. Pour ceux qui auront la chance de revenir contre l'Italie, il faudra montrer qu'on est des bonshommes, faire preuve de fierté et d'orgueil et mettre certaines choses sur la table. » Je ne vois pas de raison de taire les choses. J'avais aussi confié que se faire siffler lors du tour d'honneur n'était pas agréable. Mais il fallait se mettre à la place du public. À chaque fois, nous arrivions avec de belles promesses. Et, à l'arrivée, le XV de France s'inclinait ! J'avais ajouté : « J'en ai marre de venir devant les journalistes pour répéter à chaque fois : "On n'était pas loin mais on perd !" Je rêve de venir vous voir et de dire : "Voilà, ça a marché, on l'a fait." Pour l'instant, ce n'est pas le cas. Il faut faire attention à ne pas trop cogiter parce que là, on ne va pas être épargnés. »

J'aime travailler avec Faisal. Nos échanges sont toujours instructifs. Nous fonctionnons aussi par SMS ou par téléphone. Je lui exprime mon ressenti quand j'en éprouve le besoin, il n'y a rien de formel ni de programmé. Il m'encourage également à mieux communiquer avec ma famille et mes proches. Il souhaite que j'exprime davantage mes sentiments, par exemple par une accolade. Avec Faisal, comme avec Meriem, j'ai enfin l'impression d'être entendu et écouté, et non pas jugé !

Un pas important pour moi qui, depuis tout petit et mes débuts à Créteil, éprouve le sentiment d'être scruté en permanence. Faisal m'apprend à ne pas y prêter attention. Nous parlons de tous les sujets et ce n'est surtout pas un gourou. Il travaille à la préparation mentale d'autres sportifs mais s'adresse également à des chefs d'entreprise ou des cadres grâce au bouche à oreille. Je trouve en outre estimable qu'il ne soit pas intrusif. Parfois, et ça m'est arrivé, ceux que tu rencontres et qui veulent t'aider ont tendance à empiéter sur ta vie privée, à vouloir tout régenter, à exclure des gens du cadre. À Paris et à Toulon, j'en ai connu des mecs censés t'épauler et qui sont tous les jours chez toi, à te dire : « Tu devrais faire ci ou ça. » Des sangsues habiles à te faire croire qu'ils sont là pour ton bien mais qui, au fond, sont là pour en profiter. Et qui ont plus besoin de toi que l'inverse. Faisal a sa vie, ses enfants. Si demain je décide ne plus faire appel à lui, il l'acceptera. Il ne m'expédiera pas un paquet de textos pour me supplier de le solliciter.

Philippe Saint-André a tout un groupe à manager. Lors des rassemblements en équipe de France, il n'a pas le temps d'écouter mes doléances. Il dirige un collectif et ne peut se permettre d'avoir des états d'âme. Sa mission est de faire gagner le XV de France. Ce n'est pas un DRH ! Remplaçant contre le pays de Galles et vexé de l'être après deux premiers matches solides dans le Tournoi, je n'avais pas à lui faire part de mon amertume, de mon incompréhension. J'étais l'un des rares à ne pas conserver mon poste et cela pouvait me laissait penser que si l'équipe de France avait mal joué, c'était à cause de moi. Philippe avait d'autres chats à fouetter. Et puis, quand il affirmait que j'allais pouvoir apporter mon énergie dans les dernières minutes, je n'entendais pas la même chose. Si ça ne tenait qu'à moi, je jouerais tous les matches. Grâce à Faisal, je n'ai pas boudé et j'ai dépassé ce sentiment de vexation !

J'apprécie aussi qu'il adopte une position neutre. Lorsqu'une déception survient, tu as souvent tendance à appeler tes amis, qui vont instinctivement dans ton sens, lâchant au hasard : « Le sélectionneur n'y connaît rien, tu mérites d'être titulaire. » Rentrer là-dedans serait pernicieux. Faisal, lui, est plutôt du genre à me botter les fesses, me recadrant d'un : « Tu t'égares, Mathieu. » Il m'a remis dans le droit chemin. Comme Meriem, il appartient à la « *team Basta* ». Si je suis amené à participer à la Coupe du monde en Angleterre, je prévoirai des séances supplémentaires avec lui selon un protocole très strict. Il faut que je sois « paramétré » pour cette compétition, que j'arrive dans une forme physique et mentale parfaite. En espérant que je sois sélectionné, je me suis fixé un objectif à atteindre. Nos rapports évoluent et nous avons abordé depuis peu l'aspect diététique. Faisal m'a concocté un programme intéressant. L'aide de Sébastien Tillous-Borde, très calé dans ce domaine, sera également profitable. Ce Mondial est dans ma ligne de mire. Et je n'entends rien négliger pour relever cet excitant défi.

10

Un sentiment d'invincibilité

Un samedi 31 mai 2014 sur la Terre. Cette soirée d'euphorie, je la termine les larmes aux yeux, une médaille du plus beau métal autour du cou. Devant les 80 000 spectateurs du Stade de France – tandis qu'ils étaient 15 000 supporters de Toulon réunis à Mayol pour suivre la rencontre sur écran géant –, devant ma mère et ma famille, devant le président de la République François Hollande avec qui nous avons échangé une poignée de main, le RCT est sacré champion de France. Nous venons de battre le Castres Olympique (18-10). Le remake de la finale du Top 14 de la saison précédente sauf que, cette fois, nous sommes les vainqueurs. Quel pied ! Je suis très ému. Le Bouclier de Brennus, que Toulon attendait désespérément depuis vingt-deux ans, j'en rêvais depuis si longtemps. Et quelle joie de le conquérir si proche de Paris et de la maison !

Quand l'arbitre Christophe Berdos a sifflé la fin, clin d'œil du destin décidément facétieux, j'étais tout près de Jonny Wilkinson. Et je l'ai pris instinctivement dans mes bras... Une poignée d'instants plus tard, en son honneur, l'hymne du Royaume-Uni, *God Save the Queen*, a retenti dans l'enceinte ! Je déclare au micro : « C'est énorme et, en plus, je pourrai dire à mes enfants que j'ai joué avec un grand homme. » Sir Jonny. Une légende. J'ai eu la chance et le privilège d'évoluer avec, probablement, le meilleur joueur de rugby de l'histoire. Ce soir-là, le génial demi d'ouverture anglais de 35 ans a inscrit 15 de nos 18 points, sur quatre pénalités (100 % de réussite) et un drop. Pas la peine de vous faire un dessin... Et dire qu'il s'agissait du dernier match de la carrière du numéro 10 !

Wilkinson est à Toulon depuis l'été 2009, arrivé avec l'image d'un artiste sur le déclin à force de blessures à répétition. Quelle trajectoire pour celui qui avait été sacré champion du monde six ans plus tôt grâce à son drop réussi sur le fil contre l'Australie lors des prolongations, permettant à l'Angleterre d'être la première nation de l'hémisphère Nord à remporter la Coupe Webb Ellis ; cela lui vaudra – à défaut d'être anobli par la reine Elizabeth, et ce même si tout le monde lui donne du « Sir » – d'être décoré officier de l'ordre de l'Empire britannique. Wilkinson, fier sujet de Sa Majesté, qui nous avait annoncé comme une promesse : « Je suis prêt à mourir pour vous. » Wilkinson, digne et pudique, qui après le match devant Castres ira saluer ses adversaires un par un.

J'ai joué trois saisons avec Jonny. Et pourtant, je n'ai jamais eu de grande conversation avec lui. Mais rien que sa présence irradiante, rien que le fait de le côtoyer aux entraînements et en match donnait envie de se dépasser. Comme les autres, j'ai cherché sans cesse à obtenir son approbation, par un geste, comme un fils cherchant à impressionner son père, ou un frère son aîné. Ce maniaque de la précision et du contrôle appartient à la catégorie, rare, de ceux qui par un simple regard vous donnent confiance en vous. Quand on évolue à ses côtés, on a envie qu'il soit content et fier de nous.

Sur le terrain, du fait de nos postes, nous n'étions jamais très loin l'un de l'autre. Jonny savait me faire jouer et briller, me sublimer. Il avait beau être la star de l'équipe, il mettait tout le temps en avant ses coéquipiers, préférant l'ombre, par caractère, par éducation. Mais, s'il ne cherche pas la lumière, l'homme au pied gauche magique l'aura tout de même attirée toute sa carrière. J'insiste : ces trois années auprès de Jonny ont constitué un honneur et un bonheur. Et puis quel exemple d'exigence et de perfectionnisme ! Malgré son palmarès en béton, il était le premier arrivé à l'entraînement et le dernier à partir. Jonny, c'est quatre participations à la Coupe du monde, pour deux finales dont une gagnée, c'est quatre succès dans le Tournoi des Six Nations, c'est deux tournées avec les Lions britanniques et irlandais, c'est 1 179 points en 91 sélections avec son pays. Il n'aura connu que deux clubs : Newcastle, pour un titre de champion d'Angleterre et deux Coupes d'Angleterre, puis Toulon, avec deux couronnes européennes et le Brennus. Sur la Rade, en 141 parties, il aura marqué 2 055 points, soit une moyenne de 14,5 par match, pour 76 % de réussite dans les tirs au but ! Et aucun carton reçu le long de ses 298 matches officiels. Cela vous pose un homme... Nommé citoyen d'honneur de la ville de Toulon, il a intégré le staff du club, conseillant les buteurs.

Dans un portrait paru après sa retraite sportive, *L'Équipe* a intelligemment résumé la passion qui relie Jonny et Toulon. « Ce n'est pas uniquement pour ses talents de buteur, pour son leadership sur un groupe et sa faculté à le faire gagner. C'est aussi et surtout pour l'image qu'il renvoie d'eux-mêmes. Un champion modèle d'une ville qui se vit comme une mal-aimée, entre Aix l'universitaire, Marseille la marchande et Nice l'opulente. Jonny est le monument qu'ils n'ont pas. » Wilkinson force le respect. Je ne tenais pas à faire tache à côté de lui. Aujourd'hui il vient surtout coacher les trois-quarts mais nous savons tous que nous pouvons compter sur lui. Je peux prendre mon téléphone et l'appeler : il décrochera et la conversation pourra durer deux heures. Il est passionné par son sport, a le cœur sur la main. Il a toujours été tourné vers les autres, vers ceux qui en ont le plus besoin. Mais avec pudeur. J'ai toujours eu une forme de retenue avec lui. Jonny est un être à part. Je lui sais gré, à l'entraînement et en match, de ne jamais avoir été avare d'encouragements. Il est parvenu à me faire croire que je pouvais être quelqu'un de déterminant pour l'équipe, que je n'étais pas un simple pion. Il m'a responsabilisé intelligemment, ce qui m'a conduit à ne pas me sentir sous pression. Jonny, c'est l'art d'amener les autres à se transcender. Lors d'un match, alors qu'il avait raté quelques coups

UN SENTIMENT D'INVINCIBILITÉ

de pied à Mayol, ce qui ne nous avait pas empêchés de gagner, il était apparu meurtri et défait dans le vestiaire. Enrager en dépit d'un succès et quand on a déjà tout connu : cela m'avait fait réfléchir... Si nos caractères sont totalement différents, à l'évidence la recherche perpétuelle de la perfection nous rapproche. Comme moi, même dans les grands matches et les performances de choix, il n'a tendance à ne retenir que le négatif. Nous sommes tous deux habités par la haine de la défaite et de l'échec. Après la quête du Bouclier de Brennus, il a explosé de joie comme rarement je l'ai vu faire. On le sentait plus que touché. Je suis persuadé qu'au fond, ce Bouclier, il le voulait plus pour nous que pour lui... Cela le résume bien. Jamais je n'ai senti un brin d'égoïsme chez lui. Dans nos déclarations d'intention, avant la finale, nous assurions tous que nous aimerions tant lui offrir le Brennus pour son départ. À la réflexion, c'est davantage lui qui nous l'a offert ! Du genre : « Les gars, c'est pour vous, faites-vous plaisir et régalez-vous... »

Avec ce triomphe dans le Top 14, le RCT bouclait une séquence exceptionnelle. Une semaine plus tôt, dans le somptueux Millennium Stadium de Cardiff, au pays de Galles, nous venions d'empocher une seconde Coupe d'Europe d'affilée. Laminés, les Anglais de Saracens (23-6), grâce à deux essais de l'Australien Matt Giteau et du Sud-Africain Juan Smith, sans oublier le 100 % de réussite au pied et treize points à lui seul de Jonny. Nous sommes le premier club français à avoir conservé le trophée deux années consécutives. Et parmi les rares à totaliser au moins deux couronnes continentales, privilège partagé avec Toulouse (vainqueur en 1996, 2003, 2005, 2010), le Leinster (2009, 2011, 2012), Leicester (2001, 2002), les London Wasps (2004, 2007) et le Munster (2006, 2008). C'est important de marquer l'histoire. Je ne vais pas faire une Thiago Motta, le milieu de terrain du Paris Saint-Germain, qui avait dit ignorer que le club avait déjà remporté une Coupe d'Europe[1]. Je ne suis pas incollable sur le rugby mais j'ai une bonne culture quand même. Je connais mes classiques... Cela me semble naturel. Quand j'ai signé à Toulon, je me suis renseigné sur l'histoire du RCT, sur la houppette de Félix Mayol[2], les joueurs historiques. Chaque club a son identité. Et j'aime bien savoir où je mets les pieds !

J'avais tellement faim du Brennus..., d'autant plus que je culpabilisais un peu car si, l'année précédente, contre Castres je n'avais pas balancé un ballon en

---

1. Interrogé en septembre 2014 dans *L'Équipe Magazine* sur le fait que le PSG avait déjà gagné une Coupe d'Europe, la C2 en mai 1996, l'international italien natif du Brésil avait plaidé son ignorance. « En quelle année ? Je l'ignorais. Au club, on ne me l'a jamais dit. De l'extérieur, les palmarès, les grands noms du passé et les stades peuvent impressionner, mais quand tu joues, cela ne compte pas beaucoup. » Traité notamment d' « inculte du football » par Bernard Lama, l'ancien joueur de l'Inter Milan et de Barcelone avait demandé « pardon ».

2. Chanteur et chansonnier populaire du début du XXe siècle, auteur notamment de *Viens poupoule*, Félix Mayol, pur Toulonnais, a financé en 1919 la construction du stade qui porte son nom – et qui appartient à la mairie –, de même qu'il a offert au club les droits de ses chansons. Il arborait en permanence une houppette et un brin de muguet, devenu l'emblème du RCT.

touche, nous n'aurions pas pris le drop décisif de Rémi Talès. Perdre une deuxième fois de suite en finale du Top 14 : j'en avais pleuré... Les larmes n'avaient cette fois pas le même goût. Dans l'euphorie, je n'avais pas rendu publique ma fracture du nez subie en finale de la Coupe d'Europe. La douleur ne compte pas quand il y a le triomphe à l'arrivée.

Les festivités à Toulon ont été extraordinaires. Le 1er juin 2014, afin de fêter son quatrième titre de champion de France de rugby, la ville s'est proprement surpassée. Plus de 50 000 supporters ont salué le retour du Bouclier sur la Rade. De la place de la Liberté au marché du cours Lafayette, de la mairie au quai du port en passant par les plages du Mourillon, tout Toulon ou presque s'était rassemblé, la cité comptant 167 000 habitants. Les joueurs ont débarqué avec le trophée en bateau, sur un navire de la marine nationale, avant de profiter de nouveaux bains de foule à bord d'un camion ouvert.

Je dois me fier aux images que j'ai vues. Car, hélas, je n'étais pas avec les copains. En effet, après la victoire au Stade de France contre Castres, nous avons été sobres, y compris quand le prince Albert de Monaco est venu nous saluer. Tandis que le lendemain l'équipe prenait l'avion direction l'aéroport d'Hyères, je m'envolais vers l'Australie. Pas question de vacances ! Avec mes coéquipiers Frédéric Michalak et Alexandre Menini, nous devions rejoindre le XV de France en tournée. Je n'étais pas prêt pour le rendez-vous du 7 juin à Brisbane contre l'Australie, mais je sais que j'étais attendu. L'ancien grand capitaine et centre de l'équipe nationale, Stirling Mortlock, avait parlé de moi comme de « l'un des joueurs les plus physiques au monde, capable de casser les lignes adverses ». Le 14, à l'Etihad Stadium, à Melbourne, j'ai disputé la totalité de la rencontre, associé au centre à Wesley Fofana. Sept jours après ce test-match perdu de peu (0-6), j'étais de nouveau titulaire, de nouveau aux côtés de Wesley, toujours contre les Wallabies, pour un revers cuisant à l'Allianz Stadium de Sydney (13-39). Fin d'une saison particulièrement longue et intense. Autant dire qu'ensuite, j'avais hâte de couper, de débrancher...

Toulon, port du Levant et porte de la Méditerranée, Toulon, deuxième endroit le plus ensoleillé de France, est une ville à part. Les premiers mots qui me viennent à l'esprit pour la définir : fierté, ferveur et, surtout, mélange. Mélange des communautés et brassage ethnique, à l'image d'ailleurs du club. Nous avons conscience d'être la vitrine de Toulon, ses VRP de luxe. Paris a le Paris Saint-Germain, Marseille l'OM, Pau l'Élan Béarnais Pau-Lacq-Orthez, Limoges le CSP Limoges ou Bayonne l'Aviron Bayonnais. À Toulon, c'est le Rugby Club Toulonnais. Le sport roi est le rugby. Et comme en plus le club obtient de bons résultats... Le rayonnement est même international. La médiatisation du RCT attire aussi les touristes étrangers, des habitants de l'hémisphère Sud, des Asiatiques et surtout des Anglais, environ 10 000 par an, qui en profitent pour découvrir, outre la région, le stade Mayol et le *Pilou-Pilou*. C'est clairement l'effet Jonny Wilkinson ! Je me sens comme un Parisien adopté par Toulon.

À dire vrai, au tout début, j'ai eu un peu de mal avec tout cet engouement, cette familiarité, cette proximité. Les gens qui te tapent dans le dos et te saluent comme s'ils te connaissaient de longue date, je n'y étais pas habitué. Et je n'aimais pas trop ça. J'ai appris à accepter que tous mes faits et gestes soient commentés. Mais pouvoir rendre la ville heureuse est un sentiment puissant qui n'a pas de prix. Je parviens malgré tout à protéger ma vie privée. Une fois les barrières installées pour obtenir un peu plus de tranquillité, ma liberté est respectée. J'ai beau être installé à Toulon depuis 2011, d'abord à Carqueiranne et désormais au cap Brun, je connais mal la région. Très casanier, je suis capable de rester une semaine sans bouger ! Le climat est très agréable mais ce n'est pas l'essentiel pour moi. Inconsciemment, je m'étais d'abord dit que je ne resterais pas ici toute ma vie. Plus le temps passe et plus je m'y attache. Il est même possible qu'une fois ma carrière achevée, je revienne y vivre.

J'aime la mentalité et la joie de vivre toulonnaises. Cette bonne humeur ne signifie pas que tout glisse sur nous. Le troisième-ligne Chris Masoe, natif des Samoa mais international de Nouvelle-Zélande, et qui fut notre capitaine, est un immense compétiteur. Cela ne l'empêche pas de sourire même après un match perdu. Cette attitude ne veut pas dire qu'il s'en fout mais, tout simplement, qu'il a analysé pourquoi ça n'a pas fonctionné sur le terrain, pourquoi il a été moins performant. Sa philosophie pourrait se résumer ainsi : « Demain est un autre jour. » Je préfère un tel état d'esprit plutôt qu'un joueur déçu, qui tire une tronche de quatre mètres de long ! En refaisant constamment le match, on perd de l'énergie, on devient irritable, on est moins agréable avec ses proches. Et puis c'est inutile. Si je vis mal la défaite et ne parvient jamais à dormir après une rencontre, je n'en fais pas une maladie. Sinon cela me consumerait trop de l'intérieur. En plus, parfois, les esprits peuvent s'échauffer. Il faut être vigilants car, j'insiste, les joueurs du RCT sont à Toulon des personnages publics.

Si la bagarre en décembre 2014 dans un des bars de la plage du Mourillon a tant fait causer, c'est parce qu'elle impliquait deux joueurs de l'effectif, à l'issue d'une rencontre de Coupe d'Europe contre les Anglais de Leicester. C'est à la fois une troisième mi-temps trop arrosée et une présumée implication dans une violente échauffourée qui les ont conduits en garde à vue[1]. J'ai suivi cette histoire de loin puisque j'étais avec le XV de France quand elle a éclaté. Et

---

1. Le troisième-ligne anglais Steffon Armitage et le pilier Xavier Chiocci auraient dérapé lors d'une fête alcoolisée. Une bagarre se serait déclenchée, des coups auraient été échangés, un homme de 31 ans s'étant vu prescrire trente jours d'arrêt de travail. Résultat : garde à vue pour mes deux coéquipiers dans le cadre d'une affaire de violences volontaires. Xavier a été libéré sans charge contre lui tandis que, pour Steffon, placé sous contrôle judiciaire jusqu'à l'audience, cinq à six mois de prison avec sursis et 5 000 euros d'amende ont été requis. L'instruction a été renvoyée.

puis je ne voulais pas ennuyer Steffon Armitage et Xavier Chiocci car j'imaginais que c'était suffisamment compliqué pour eux. Même s'ils ont peut-être déconné, la médiatisation de cette sortie est uniquement liée à leur statut. Le bruit a été amplifié parce que Toulon vibre pour le rugby. Mais le groupe est resté solidaire.

Compte tenu de ce que j'ai connu en Nouvelle-Zélande, je doute qu'une telle mésaventure puisse aujourd'hui m'arriver. Mais sait-on jamais... Chacun peut être concerné. Je ne suis pas du tout du genre bagarreur. Ou alors, il faut vraiment, vraiment beaucoup m'énerver pour que je réagisse. L'important est d'avoir à ses côtés des gens lucides. Lorsque je suis en soirée ou avec des amis, quand ils devinent qu'une personne un peu collante ou mal lunée cherche ou va chercher délibérément à me provoquer, pour attirer l'attention ou pour je ne sais quel motif, ils ont l'intelligence de calmer l'interlocuteur ou de m'emmener ailleurs. Ils n'attendent pas que la situation dégénère pour réagir. Mes meilleurs potes sont conscients de mon statut et de ce que cela signifie. Je n'ai pas le droit de faire n'importe quoi. La seule bagarre dont je me souvienne remonte à l'époque du Quincy-sous-Sénart. J'avais treize, quatorze ans. Un grand du quartier profitait de son âge et de sa taille pour nous mener la vie dure et se pavaner. Il nous asticotait régulièrement. De mon côté, l'agacement montait, montait. Puis j'ai explosé. Ensuite, il n'a plus jamais bronché.

J'ai du mal avec la bêtise. Cela me fait songer au courrier que m'avait adressé, via le Stade Français, un supporter qui me traitait de « con ». Pas très malin, il avait laissé sur l'enveloppe le cachet de sa société et son nom. Je l'ai donc appelé, je voulais comprendre l'objet de sa haine. Il a bredouillé, puis m'a avoué n'avoir pas apprécié mon interview sur la rivalité entre Paris et le Stade Toulousain, dans laquelle je déclarais en substance qu'eux ne nous aiment pas et vice versa. Dans l'esprit étroit de ce monsieur, je détestais les Toulousains. Je lui ai alors demandé, non sans ironie, s'il faisait partie de ce club, quand il m'a lancé : « Ne faites pas le malin, j'avais raison. » J'ai essayé de lui faire peur, lui rappelant que je pouvais facilement porter plainte puisqu'il m'avait laissé son nom. De dépit, et sans doute un peu paniqué, il m'a raccroché au nez !

La saison dernière, il m'arrivait de devoir me pincer pour y croire durant une partie. À ma gauche, Matt Giteau, Jonny Wilkinson à ma droite. Des sommités du rugby, dont j'avais le poster quand j'étais en sport-études au lycée Lakanal. Même à l'entraînement, il m'est arrivé de marquer une pause de quelques secondes, juste le temps d'admirer mes voisins ! Parfois aussi, quand je pénètre dans le tunnel qui mène à la pelouse et que, en levant les yeux, je vois d'un côté le puissant Bakkies Botha et de l'autre son compatriote Danie Rossouw, tous deux champions du monde en 2007 avec l'Afrique du Sud, je suis animé d'un sentiment d'invincibilité. Comme si, grâce à eux, il ne pouvait rien nous arriver sur le terrain ! Mais ne croyez pas qu'il n'existe jamais de doutes et de tensions au RCT. Il m'arrive, et c'est logique, d'en avoir marre. À l'hiver 2012, c'était quelque peu tendu pour moi avec le staff du club. Un petit accrochage dans le vestiaire. Cela ne m'avait pas plu du tout, je n'étais pas bien. Sur l'instant, c'était la goutte d'eau qui faisait déborder le vase. J'ai appelé Laurent Quaglia, mon agent, lui réclamant de prospecter ailleurs. L'équipe de Montpellier Hérault Rugby (MHR) était intéressée. Un club en vue, en pleine ascension. Avec la possibilité, aussi, si cela se concrétisait, de travailler de nouveau sous les ordres de Fabien Galthié, qui m'avait lancé en Top 14, au Stade Français. En plus, l'un de ses adjoints était Stéphane Glas, que j'ai bien connu et apprécié à Paris. Laurent a organisé le rendez-vous avec l'homme d'affaires Mohed Altrad, président du groupe qui porte son nom, premier fabricant européen d'échafaudages et de brouettes, devenu propriétaire du MHR fin 2011 après y avoir injecté quatorze millions d'euros. Un autodidacte à la réussite incontestable[1].

Sans prévenir Toulon, j'ai rejoint Montpellier en avion via Paris, avec Laurent. J'ai rencontré Mohed

---

1. Désigné entrepreneur de l'année 2014 par *L'Express*, Mohed Altrad est un bédouin né dans le désert syrien, qui a appris à lire seul avant de débarquer à Montpellier en 1969 sans connaître un mot de français. Il a raconté son parcours dans des livres à succès, édités par Actes Sud. Aujourd'hui, le chiffre d'affaires de son groupe atteint 850 millions d'euros. Le stade Yves-du-Manoir a été rebaptisé Altrad Stadium.

Altrad ainsi que le staff et les joueurs. Une discussion cordiale, une prise de contact intéressante, sans garanties, ni promesses. Nous n'avons d'ailleurs pas évoqué le salaire ou la durée du contrat. J'ai expliqué ma démarche, confiant que certaines choses ne me plaisaient pas à Toulon, que Montpellier était un club ambitieux et compétitif. Nous en sommes restés là, jurant de nous tenir au courant dans les prochaines semaines de l'évolution de la situation. Du côté de Toulon, certains points s'étaient améliorés, je me sentais de nouveau mieux, même si je n'oublie pas facilement. Et j'ai commencé à enchaîner des prestations plus convaincantes.

En janvier 2013, le RCT se déplace à Montpellier, pour une rencontre de H Cup, en match de poule. Au petit déjeuner, un partenaire me chambre et me lâche : « Oh, Nico, ça va ? » Je marque ma surprise. Et il me dit : « Tu n'as pas lu le journal ? Mohed Altrad parle de toi. » Je m'empare du *Midi libre*, le quotidien régional, auquel le président du MHR a accordé un entretien. Il y évoque la disparition récente et terrible d'Éric Béchu – l'un des adjoints de Fabien Galthié, mort le 15 janvier à 53 ans d'un cancer du pancréas –, souligne la progression de son club et ne masque pas ses ambitions. Le journaliste lui demande ensuite : « Avec Bastareaud, pourquoi cela a-t-il échoué ? » Sa réponse me désarçonne : « Il est venu ici. Je n'ai pas vraiment compris ses motivations pour venir jouer à Montpellier alors qu'on lui proposait un salaire moindre qu'à Toulon. Et puis j'ai eu l'impression de rencontrer Anelka... » Je ne connais pas personnellement Nicolas Anelka mais j'ai bien compris que, dans son esprit, il s'agissait d'une pique.

« Il est fou », a été ma première réaction en découvrant ce passage. J'ai appelé Laurent, mon agent, pour essayer de comprendre ce qui lui était arrivé. Peut-être qu'Altrad s'était laissé dire que j'avais prolongé à Toulon. Ce n'était pourtant pas le cas. Je n'avais pas encore donné ma réponse, je continuais d'y réfléchir. Il s'était tiré une balle dans le pied. Si Altrad pense que je suis allé le démarcher dans le but de faire monter les enchères, c'est mal me connaître. Jamais je n'ai fait ça, ce n'est pas dans mon tempérament. Laurent l'a joint, lui a confirmé que je ne m'étais pas engagé de nouveau avec le RCT. Alors Altrad lui a confié : « Ah bon ? Eh bien ça nous intéresse toujours... » Il est gentil...

Je ne fonctionne pas comme ça. Il était évident que, désormais, il n'était plus question pour moi d'aller à Montpelllier. J'ai recroisé le propriétaire du MHR. Ma mère m'a bien éduqué et, comme dire bonjour est gratuit, je l'ai salué. Non pas que sa provocation m'ait particulièrement touché mais je ne l'avais pas comprise. Nous avions parlé tranquillement et je n'avais rien revendiqué. Sans doute a-t-il été piqué au vif en croyant que je m'étais servi de lui afin d'obtenir une meilleure offre de Toulon mais, encore une fois, ce n'était pas le cas. En revanche, pas de quoi vexer Mourad Boudjellal. Il ne m'a pas reproché d'être allé voir Mohed Altrad. J'étais en fin de contrat, j'avais le droit de nouer contact avec d'autres futurs employeurs. Et puis Mourad fait pareil ! La semaine suivante, j'ai prolongé avec Toulon jusqu'en 2016.

Restait cette comparaison avec Nicolas Anelka qui me trottait dans la tête. Au fond, cela veut dire quoi l'« Anelka du rugby » ? Si on s'arrête à l'image du footballeur, ce n'est pas flatteur... Altrad ne connaît pas Anelka. Moi, lorsque je ne connais pas quelqu'un, j'évite de juger et de commenter. Nicolas Anelka est un grand joueur de football, son palmarès avec l'équipe de France, Arsenal, le Real Madrid ou Chelsea est conséquent. Certes, il a son caractère mais ça le regarde. Et je suis bien placé pour savoir que tout ce qui est écrit dans les journaux n'est pas toujours vrai ! J'apprécie chez Anelka, avec qui mon cousin William Gallas a souvent joué, son côté droit dans ses bottes et qui assume. Dans une société, surtout dans le sport de haut niveau, où l'on ne peut pas dire tout haut ce que l'on pense, il ne s'est pas gêné pour le faire. À sa manière. Il n'est pas dans le calcul de son image. Moi non plus. Je ne joue pas à être un personnage. Je sais que, par ma façon d'être, je marque les gens. Mes amis me le répètent souvent alors que je ne me rends pas compte de ce que je peux dégager. J'ai conscience de les interpeller, même si je ne sais pas précisément pourquoi. Évidemment, je suis reconnaissable et, quand je pénètre dans un restaurant, j'attire les regards. Mais je ne le cherche pas. Au contraire, je préfère rester sagement dans mon coin. Jamais je ne demande : « Qu'est-ce qu'ils pensent de moi ? » Je sais qui je suis, ma famille également. C'est l'essentiel. Quand tout s'arrêtera, le rugby, les caméras et le reste, il ne restera pas grand monde...

Je suis donc sous contrat avec le Rugby Club Toulonnais jusqu'en juin 2016. J'irai jusqu'au bout. Je me sens bien dans ce club et je ne suis pas rassasié de titres. Ensuite, tout est envisageable. Rester dans le Var, si le club le souhaite, ou tenter une aventure à l'étranger. Si je pars, je ne resterai pas dans le Top 14. J'ai régulièrement reçu des propositions. Mais je ne me vois pas porter un autre maillot dans le championnat de France. Découvrir un autre pays, en revanche, m'intéresse. Le rugby m'a permis de voyager. Et j'ai encore soif d'expériences. Pourquoi pas l'Angleterre, l'hémisphère Sud, ou le Japon ?

Ce pays me fascine depuis toujours. Y aller serait un peu mon rêve américain ! Je ne m'y suis encore jamais rendu mais j'aime sa culture, et pas seulement les mangas ! Ce serait l'occasion de se frotter à un nouveau style de vie, une approche nouvelle du rugby. Le championnat japonais est en plein essor, en évolution permanente. Les budgets des clubs sont conséquents et le niveau, encore très loin du Top 14, monte toutefois. La Top League, où les salaires sont payés en très large partie par des multinationales[1], se structure. La Coupe du monde de rugby 2019 aura

---

1. C'est pourquoi les équipes portent le nom de marques, comme Panasonic Wild Knights, champion en titre, Coca-Cola West Red Sparks, Toshiba Brave Lupus, Ricoh Black Rams ou Yamaha Jubilo.

lieu au Japon, à Tokyo, Yokohama, Osaka, Kobe, Fukuoka, Oita ou Sapporo[1]. Financièrement, je ne cache pas que ce serait intéressant. Je n'ai pas envie de dépasser la trentaine pour découvrir l'étranger. Si je vais au Japon, ce n'est pas pour y couler une retraite dorée, empocher un gros chèque et jouer quelques matches. La plupart des vedettes qui ont signé au Japon ces dernières années, de Stephen Larkham à George Smith, de Sonny Bill Williams à James Haskell en passant par Fourie du Preez, l'ont fait comme on signe un ultime gros contrat. Ce n'est pas ma conception des choses.

J'ai l'appétit d'aller là où mes envies me portent et, pour une fois, je me projette un peu. À cet égard, le Japon pique ma curiosité. Si j'y vais, je tiens à le faire en pleine force de l'âge, pas à 32 ou 33 ans, avec des entraînements aménagés. L'expérience, je veux la vivre à fond. Mais je ne suis pas encore parti. Et je compte profiter de l'atmosphère exceptionnelle du stade Mayol jusqu'au bout. Au cœur de cette arène, porté par le public, on éprouve la sensation d'être intouchable. Tu sens clairement que tu n'es pas tout seul... Les premiers frissons surviennent dès l'arrivée au stade, avec le bus qui s'arrête à une centaine de mètres et le reste du trajet à effectuer à pied, au milieu de la foule, une foule qui te touche le maillot, te tape dans le dos, hurle ton nom et ses encouragements au

---

[1]. S'il n'a jamais dépassé les phases de poule et a même encaissé en 1995 des All Blacks un humiliant 145-17, le Japon a participé à toutes les éditions de la Coupe du monde depuis sa création en 1987.

RCT. Même si des joueurs m'avaient prévenu, je n'y étais pas préparé. Lorsque tu es l'adversaire de Toulon et que tu traverses cette furia, il est préférable de garder son casque pour ne pas entendre les insultes !

Quand je jouais au Stade Français, lorsque nous quittions le bus, j'étais dans ma bulle, je faisais abstraction des autres, j'écoutais tranquillement ma musique. Je comptais procéder de même à Toulon. Au terme du premier match amical, Philippe Saint-André, l'entraîneur, est venu me trouver, comme gêné aux entournures : « Mathieu, je ne veux pas te déranger mais ce serait bien que tu ôtes ton casque, par égard pour nos supporters. C'est une question de respect. Mourad Boudjellal aimerait que tu l'enlèves pour mieux t'imprégner de l'ambiance. » J'ai répondu qu'il n'y avait pas de problème. J'ai d'autant plus obtempéré que je ne tenais pas à ce que les habitants de la ville aient d'emblée une mauvaise image de moi, qu'ils se disent : « Il se prend pour qui celui-là, alors qu'il vient juste d'arriver ! » La sortie de bus à la mode toulonnaise m'a tout de suite plu. J'ai compris et mesuré cette ferveur. Je n'ai plus jamais remis le casque ! Je ne suis pas blasé de ces cris, de ces bravos ; ils permettent de braver toutes les tempêtes.

Je ne me lasse pas non plus du *Pilou-Pilou*, chanté depuis la pelouse avant chaque match par Cédric Abellon, le visage tatoué à l'henné, et qui est, comme je l'ai dit, par ailleurs mon tatoueur attitré. Cet hymne officiel continue de me donner la pêche. La première fois que je l'ai entendu, je portais le maillot du Stade Français et j'en avais eu la chair de poule. Ça en jette, tu perçois immédiatement que tu n'es pas chez toi ! Quelque part, la guerre a déjà commencé... Le *Pilou-Pilou* me fait vraiment entrer dans la partie. De quoi donner envie de se dépasser. Les paroles et la reprise en chœur par le public transmettent une rage qui décuple nos forces. C'est comme un cri qui déchire, qui sort du cœur. Comme un signe de ralliement. Depuis quelques années, à l'initiative de Mourad Boudjellal, des artistes hurlent ponctuellement notre cri de guerre. Charles Berling, Youssoupha, Michaël Youn ou José Garcia s'y sont essayés. Certains puristes ont pu tiquer... Personnellement je trouve l'idée originale. C'est important de jouer l'ouverture, tant qu'on ne me demande pas de prendre le micro ! J'aurais trop le trac, je n'arrêterais pas de bafouiller. Il n'y a pas que le *Pilou-Pilou*, je suis tout aussi remué quand retentit *La Marseillaise*. L'hymne tricolore demeure un moment particulier.

Il était de toute façon écrit que je débarquerais à Toulon. Je me souviens encore de mon premier match officiel après la vraie-fausse agression de Wellington, avec le Stade Français, à Mayol, un peu moins de deux mois après l'affaire. Pour l'ouverture du Top 14, nous avions obtenu le match nul (22-22). J'étais entré en jeu à la 57e minute, en remplacement de l'ailier Romain Raine. Je n'avais pas encore été convoqué par la Commission de discipline de la Fédération française. Comme il s'agissait de ma première apparition depuis la tournée du XV de France en Nouvelle-Zélande, une caméra me suivait partout, constamment. Lors de l'échauffement, pour éviter la foule et les regards, j'avais mis la musique à fond. Les supporters toulonnais me narguaient, me provoquaient. Mathieu Blin, mon partenaire, était venu prendre ma défense dans l'en-but. Lorsque j'ai fait mon entrée sur la pelouse, la bronca a été terrible. D'emblée j'ai placé deux, trois plaquages, histoire de me lancer et de calmer le public ! Cela m'a endurci et incité à ne pas prêter attention à toutes les manifestations extérieures, aux noms d'oiseaux qui volaient, adressés par des lâches cachés dans les tribunes.

Encore aujourd'hui, il ne se passe pas un match sans que je me fasse insulter ou chambrer. Quand certaines paroles sont blessantes ou méprisantes, j'ai parfois envie de répondre et d'imiter Éric Cantona avec son incroyable geste de kung-fu en janvier 1995 sur un supporter anglais[1]. Ce n'est pas parce qu'un spectateur paye sa place qu'il a tous les droits. Mais je me retiens car la sanction serait sévère...

---

1. Expulsé à la 48e minute d'un match à Crystal Palace, le mythique numéro 7, sur la route du vestiaire, envoie un coup de pied à un supporter de sa propre équipe, Manchester United, qui a passé son temps à l'insulter. L'image est saisissante et déclenche des torrents de commentaires. D'abord condamné à deux semaines de prison ferme, Cantona effectuera finalement 120 heures de travaux d'intérêt général et sera suspendu neuf mois par la Fédération anglaise. Après son geste il déclarera notamment lors d'une conférence de presse : « Quand les mouettes suivent le chalutier, c'est parce qu'elles pensent que les sardines seront jetées à la mer.... »

11

La Coupe du monde dans ma bulle

Vingt nations du globe qualifiées, quarante-huit matches comme autant d'âpres combats à mener, quatre milliards de téléspectateurs attendus en cumulé et vingt mille heures de couverture télévisée : voici ce qui nous attend lors de la huitième édition de la Coupe du monde de rugby, qui aura lieu en Angleterre du 18 septembre au 31 octobre 2015. La Nouvelle-Zélande remet son titre en jeu et espère disputer la finale dans l'antre de Twickenham, cathédrale vibrante de 82 000 places située au sud-ouest de Londres. Ce stade magnifique, qui héberge aussi un musée évoquant la grande histoire du rugby, accueille l'équipe d'Angleterre lors du Tournoi des Six Nations mais également des concerts de prestige, des Rolling Stones à Lady Gaga, de U2 à The Police. Si Philippe Saint-André me sélectionne, je participerai ainsi à ma première Coupe du monde. La première liste élargie, composée de trente-six joueurs, pour préparer la Coupe du monde, a été révélée le 19 mai.

C'est le départ d'un véritable marathon : rassemblement d'une semaine jusqu'au 14 juillet à

Marcoussis, la maison du XV de France, dans l'Essonne, stage préparatoire à Tignes en Savoie et retour à Marcoussis. Le temps d'enchaîner avec un nouveau stage, au Domaine de Falgos, au pied du massif du Canigou, dans les Pyrénées-Orientales, et, pour ne pas perdre la main, encore un petit dernier, entre le 13 et le 16 août, à Richmond, en Angleterre. Figurent également au programme deux matches amicaux face aux Anglais, à Twickenham et au Stade de France, ponctués par des retours réguliers au Centre national de rugby. Le 23 août, enfin, le sélectionneur communiquera sa liste définitive de trente et un joueurs retenus pour le Mondial. Place alors au sprint final avant le coup d'envoi de la compétition. Cela se concrétisera par un match amical contre l'Écosse au Stade de France le 5 septembre, puis une semaine plus tard, rythmée par un ultime passage par la case Marcoussis, aura lieu l'installation dans le camp de base du XV de France, à l'hôtel Selsdon Park de Surrey, au sud de Londres. La Coupe du monde pourra alors enfin démarrer... Avec au moins quatre rendez-vous griffonnés sur l'agenda : le 19 septembre contre l'Italie à Twickenham, le 23 face à la Roumanie à l'Olympic Park, toujours dans la capitale anglaise, le 1er octobre devant le Canada au Stadium MK à Milton Keynes, et le 11 face à l'Irlande, au Millenium Stadium de Cardiff, au pays de Galles.

Je connais la règle. Un scénario catastrophe qui verrait les Bleus se faire éliminer d'entrée et devenir la risée du monde, les joueurs s'en prenant plein la gueule. Ou alors nous devenons champions du monde, et là tout le monde il est beau... J'exagère à peine. La logique, d'abord, voudrait que je figure dans le groupe de Philippe Saint-André. En quatre ans de mandat, il a retenu quatre-vingt-deux joueurs et donné sa chance à quarante nouveaux. Le spectre est large, de Yoann Maestri, qui a disputé trente-six matches sur trente-sept possibles, dont trente-trois comme titulaire, à Jonathan Pélissié, limité à neuf minutes seulement.

Au centre, Wesley Fofana a été l'élément le plus utilisé et notre association a souvent été alignée. Gaël Fickou, Maxime Mermoz, Rémi Lamerat et Alexandre Dumoulin ont également occupé le poste avec le XV de France. Je n'ai aucune garantie de faire partie de la liste ni d'obtenir un temps de jeu conséquent. Il est en tout cas évident que Philippe Saint-André, que ce soit à Toulon ou avec les Bleus, m'a relancé. Ce n'est pas rien. Et cela ne s'oublie pas. Quand il a été intronisé sélectionneur en 2011, lui qui avait déjà milité pour que je signe au RCT, en dépit d'une saison plus qu'ordinaire au Stade Français, m'avait assuré : « Je sais que tu bosses à Toulon. Continue de travailler dur, je garde un œil sur toi. Et, quand tu le mériteras, je t'appellerai. » Il a tenu parole et j'ai effectué mon retour en Bleu en février 2013 en Italie pour le Tournoi des Six Nations, deux ans et onze mois après ma dernière cape. Philippe a toujours été franc à mon égard. Il essaie de discuter avec moi de temps en temps à Marcoussis. Il n'a pas hésité à me dire qu'il était nécessaire que je perde quelques kilos afin d'être performant au niveau international. Je me suis d'ailleurs fixé cet objectif dans l'optique de postuler à la Coupe du monde.

Je sais que l'image publique de Philippe n'est pas toujours flatteuse. Peut-être est-ce la fonction d'entraîneur qui veut ça ? Une fonction qui, on ne le mesure pas suffisamment, génère une pression exacerbée. Certains, à la lueur de ses interventions devant les médias, peuvent le croire triste, terne, hésitant, inconstant. Il mérite mieux que ça. Il n'est pas du tout renfrogné avec nous. Il est ouvert au dialogue, à l'échange, ce qui n'empêche pas qu'il défende des convictions fortes. Je connais l'homme et l'entraîneur. Il est attachant, bosseur et déterminé.

Nous avons terminé quatrième du Tournoi des Six Nations 2015, avec deux victoires, contre l'Écosse et l'Italie, et trois défaites, devant le pays de Galles, l'Irlande et l'Angleterre. Le principal responsable, ce n'est pas le sélectionneur mais nous, les joueurs. Nous avions toutes les armes pour figurer en bonne place. Philippe essaie au maximum de nous responsabiliser. Il est pourtant mis sur le banc des accusés. Mais, encore une fois, il faudrait y mettre tout le monde, staff et joueurs compris... Il reste plus simple et facile de blâmer une seule personne. Cela ne fait pourtant pas avancer les choses.

Cette Coupe du monde en Angleterre, je ne m'y suis pas encore projeté. Je compte prendre les choses avec prudence et naturel. Je refuse de déjà m'y voir car, lorsque je procède ainsi, je suis immanquablement déçu à l'arrivée. D'une certaine façon, je me prépare presque, afin d'éviter une éventuelle désillusion, à faire comme si je n'allais pas être de la fête. Je ne me suis jamais considéré comme un joueur indispensable. Ce n'est pas de la fausse pudeur ou modestie mais un constat sincère.

J'ai également conscience que rien n'est figé, que la hiérarchie est évolutive. Lors de la tournée des Bleus de novembre 2014, je me suis contenté de rentrer en cours de match. Ce fut le cas à Marseille contre les Fidji lors de notre large victoire (40-15). J'avais remplacé Alexandre Dumoulin à la 72e minute. Une semaine plus tard, le 15 novembre, à l'occasion de notre précieux succès contre l'Australie (29-26) au Stade de France, j'avais de nouveau succédé sur le terrain à Dumoulin, à la mi-temps. Et le 22, au Stade de France devant l'Argentine qui s'est imposée 18 à 13, j'avais attendu la 43e minute pour remplacer Maxime Mermoz. Sur le coup, bien sûr que j'étais déçu et même vexé de ne pas avoir débuté l'une des trois rencontres. C'est la tactique du sélectionneur et il a estimé que cette stratégie pouvait, à cette occasion, être efficace pour l'équipe.

Il faut lui faire confiance même si, dans ces cas-là, je suis un peu ronchon. Je communique moins, je me recroqueville quelque peu sur moi-même. Puis je me remets immédiatement en question, je cravache dur et je mets les bouchées doubles à l'entraînement. Je ne réclame rien à Philippe Saint-André. Je ne suis pas le genre de joueur à demander des explications au coach en allant taper à sa porte. Certains savent s'épancher ou pleurnicher, voire baver sur les autres. Je supporte mal cette attitude. Si je ne suis pas dans l'équipe, c'est que l'entraîneur en a décidé ainsi, point. Aller le voir ne va rien changer à l'affaire.

Après ces trois matches, j'ai été qualifié d'*impact player*, soit le type de joueur qui entre en cours de jeu pour apporter tout de suite sa puissance, sa fraîcheur et son explosivité. Ce terme ne me convient guère. Je n'ai rien à prouver, si ce n'est à moi-même. J'ai bien compris que quelques-uns parmi les commentateurs auraient aimé que je révolutionne mon jeu. J'ai toujours joué comme je sais faire et je ne compte pas en changer. Mon job est d'être utile à l'équipe, de déclencher des actions positives. La preuve que la roue tourne très vite est que, en ouverture du Tournoi des Six Nations, le 7 février 2015 au Stade de France contre l'Écosse (15-8), j'ai été titulaire. Idem à Dublin en Irlande pour une défaite 18-11 le jour de la Saint-Valentin, que j'ai célébrée à ma manière par un gros choc tête contre tête avec leur demi d'ouverture, Jonathan Sexton, lequel, sonné, a eu le visage ensanglanté[1]. Si je suis resté debout sur mes jambes, j'ai tout de même eu l'arcade sourcilière explosée et j'ai dû être évacué sur la touche une poignée de secondes, le temps de

---

1. L'Irlandais du Racing-Métro, qui revenait à la compétition après douze semaines de repos forcé pour avoir encaissé trois K.-O. violents en cours du match, a eu du mal à se relever et s'est fait poser plusieurs points de suture sur le bord de la pelouse.

récupérer et de me faire soigner. Disons que cela fait partie des risques du métier... Ce revers m'avait agacé. Je n'étais pas satisfait de la copie rendue car, une fois de plus, nous avons joué avec le frein à main, sans parvenir à imposer notre jeu, malgré l'envie et l'état d'esprit. Pour les trois rendez-vous suivants, j'ai débuté sur le banc, jouant dès la 17e de jeu contre le pays de Galles après la blessure de Rémi Lamerat mais seulement dix minutes contre l'Italie, ce qui ne m'a pas empêché d'inscrire un essai dans les arrêts de jeu, et enfin huit minutes contre l'Angleterre, pour un Crunch complètement fou et homérique perdu 55 à 35.

Devenir acteur de la prochaine Coupe du monde, c'est un honneur dont je ne mesure pas encore la portée. Il n'y pas si longtemps, je n'étais qu'un simple spectateur de l'épreuve reine. Depuis l'édition de 1999 et le choc incarné par la présence irradiante de Jonah Lomu, la première personne à laquelle j'ai pu m'identifier dans le rugby, je n'en ai pas raté une seule. J'admets néanmoins que la dernière, en 2011, m'est passée un peu au-dessus de la tête malgré le beau parcours du XV de France battu de justesse en finale par les All Blacks : je venais juste de signer à Toulon et je me suis concentré davantage sur ma remise à niveau car j'étais à cours de préparation. Aujourd'hui, le Mondial est à portée de main... Je ne crains pas d'être tétanisé par l'enjeu car je sais rester dans ma bulle et ne pas en bouger. En plus, disputer la compétition suprême en Angleterre, en pays hostile, la rend encore plus excitante ! Je l'imagine comme une sacrée aventure. Rien que d'entendre le récit des anciens...

Quand Nicolas Mas parle de ces épopées, lui qui a participé à celles de 2007 et de 2011, l'expérience semble intense et inoubliable. Le pilier de Montpellier n'est pas de ma génération – il a huit années de plus que moi – mais je l'apprécie beaucoup. Je suis heureux de le retrouver à chaque rassemblement, heureux de discuter avec lui, quand bien même nous n'avons pas forcément de nombreux centres d'intérêt en commun. Concernant les autres trois-quarts centres du XV de France, la concurrence est saine. Depuis mes débuts chez les professionnels, je la côtoie, d'abord au Stade Français, avec Brian Liebenberg, Geoffroy Messina, Stéphane Glas ou Mirco Bergamasco. À Toulon, c'est pareil, voire pire ! J'ai toujours vécu avec cette rivalité et, quand elle est juste, je l'accepte parfaitement. Pas question de se tirer dans les pattes pour déstabiliser le possible concurrent.

Avant le Mondial, j'ai d'autres défis à relever avec Toulon. J'ignore comment la saison va se terminer mais l'apothéose est possible. Notre recrutement de haut vol a prouvé, déjà, notre ambition de poursuivre notre razzia après le doublé Top 14-H Cup. Aux Bryan Habana (Afrique du Sud), Ali Williams (Nouvelle-Zélande), Martín Castrogiovanni (Italie) ou Drew Mitchell (Australie) qui nous avaient rejoints l'année précédente se sont ajoutés Leigh Halfpenny (pays de Galles), Mamuka Gorgodze (Géorgie), James O'Connor (Australie), Guilhem

Guirado, Gerhard Vosloo (Afrique du Sud) ou Romain Taofifénua ! Notre moisson n'est pas encore terminée que notre président, Mourad Boudjellal, a déjà bouclé pour la saison prochaine le transfert du champion du monde néo-zélandais Ma'a Nonu, de l'Américain Samu Manoa, de Jonathan Pélissié et du Fidjien Napolioni Nalaga, trois fois meilleur marqueur du Top 14 avec Clermont. Nous aurons bientôt aussi sur le banc une nouvelle tête : l'Italo-Argentin Diego Domínguez, qui débarquera comme manager à l'été 2016. L'ancien ouvreur du Stade Français, avec qui il a été quatre fois champion de France, arrive en réalité début janvier. Il travaillera six mois avec le staff afin de se familiariser avec l'équipe et le club, assurant ainsi la transition. Bernard Laporte, qui l'a eu sous ses ordres à Paris, sera son guide le temps qu'il trouve ses marques, puis il sera temps pour lui de se focaliser sur son grand défi de 2016 : devenir président de la Fédération française de rugby. Bernard y croit et je lui souhaite bonne chance. Il est positif que de nouveaux visages se présentent.

Je suis reconnaissant envers Bernard Laporte de m'avoir, à Toulon, tiré les oreilles plusieurs fois lors de ma première saison sur la Rade... Il aurait pu me lâcher, il ne l'a pas fait. J'ai encore en tête un énième soufflon, au téléphone, après qu'il avait appris un jour que j'étais sorti la veille, le dimanche soir, boire quelques verres pour fêter mon anniversaire. Le lundi, je n'étais pas allé m'entraîner prétextant une légère blessure. Mais, en effectuant des recoupements, après avoir prévenu la secrétaire du club de mon absence, il avait fini par deviner que j'avais probablement l'haleine un peu chargée. Le soir même, j'ai donc reçu un coup de téléphone énervé de Bernard. « T'étais où hier soir, Mathieu ? » J'ai balbutié que j'étais parti boire un coup avec des amis à l'occasion de mon anniversaire. Et là, il m'a rudoyé, m'a fait comprendre que si je ne me bougeais pas les fesses, j'allais prendre la porte. Il croyait en mon potentiel, n'avait pas envie que je passe à côté de ma carrière. En général, quand Bernard prend le temps de t'engueuler, c'est bon signe !

Il avait une fois de plus raison, c'était à moi d'arrêter mes conneries. Je n'étais plus un gamin, plus question d'attendre que l'on me tape sur les doigts pour me réveiller. Marre que l'on me prenne pour un cas social ! Les paroles de mon ami Benoît Bonetti, avec qui j'étais à Massy, où il évolue toujours d'ailleurs comme demi d'ouverture, m'ont également fait réfléchir. Il m'avait placé face à mes responsabilités, me soutenant avec ardeur que les gens croyaient en moi et que je n'avais pas le droit de me laisser aller ainsi. « Même en faisant de la merde, regarde où tu es ! Moi j'aurais rêvé d'être à ta place », m'avait-t-il lâché. Benoît n'a pas eu les mêmes opportunités que moi. Pour mes ex-partenaires, pour mes proches et pour ma famille qui avait fait l'effort de me payer mes inscriptions au club de rugby, je devais me retrousser les manches. Ces attentions en tous genres m'ont incité à trouver les bons ressorts et à faire rugir le moteur.

J'avais sans doute besoin que Bernard Laporte me parle de manière forte. Son association avec le président du RCT est efficace et complémentaire. L'alchimie fonctionne. Si Max Guazzini était très paternaliste avec nous au Stade Français, le management de Mourad Boudjellal diffère. Il instaure davantage de distance avec le groupe. Je sais qu'il nous apprécie mais les choses sont claires : il est le patron, nous sommes ses salariés, qu'on soit des employés pas comme les autres n'entre pas en ligne de compte. Tout le monde connaît le sens de la provocation de Mourad Boudjellal, ses petites phrases, sa rhétorique, son côté grande gueule, tandis que Max Guazzini se contentait seulement d'allumer la mèche avant le choc contre le Stade Toulousain. En fait-il trop ? Certaines sorties me font sourire, d'autres un peu moins. Je ne suis pas toujours d'accord avec ce qu'il dit. Mais je ne m'arrête pas à ses déclarations, sauf quand elles me concernent !

Avec nous, il se montre plutôt réservé. C'est dû aussi à la présence éruptive de Bernard Laporte, en qui il a une totale confiance. Il lui laisse totalement gérer le côté sportif, ne se sent pas obligé d'intervenir à tout bout de champ, ce qui n'est pas plus mal. Je ne suis pas choqué outre mesure quand parfois je n'aperçois pas Mourad Boudjellal de la semaine ou lors de quelques matches à l'extérieur. Il est notre président, pas notre nounou. Je sais que certains esprits prétendent que je suis son chouchou. Je l'ai entendu dire. J'ignore sur quoi ceux-ci se basent pour l'affirmer. Cela ne me semble pas fondé. De toute façon, à écouter les uns et les autres, je suis le chouchou de tout le monde ! Certes il m'apprécie mais je ne pense pas être son favori. Il faudrait le lui demander...

Max Guazzini et Mourad Boudjellal ont chacun leur façon de diriger leur club. Mais ils incarnent deux incontestables réussites. Ils ont percé professionnellement avant de se consacrer au rugby. Ils apportent un œil extérieur bienvenu à notre sport, de la fraîcheur, de la nouveauté, une fibre artistique aussi, doublée d'un sens du spectacle et de l'innovation. À défaut d'avoir baigné dedans, ils ont tous deux, à leur manière, révolutionné la discipline. Très chambreur, le président de Toulon me taquine souvent sur le Paris Saint-Germain. Lui est plutôt fidèle aux couleurs de l'Olympique de Marseille. D'ailleurs, le 28 mars 2015, quand nous avons reçu le Stade Toulousain en championnat au Vélodrome, il a pimenté le coup d'envoi en diffusant sur les écrans géants, à une semaine du match OM-PSG, une photo de Zlatan Ibrahimovic souhaitant un « Bon match de merde à tous ! ». Une allusion à la sortie de l'attaquant suédois de Paris qui après un match de Ligue 1 contre Bordeaux avait, sous le coup de la colère contre l'arbitre, été filmé qualifiant la France de « pays de merde ». Un clin d'œil à la Mourad Boudjellal, comme lui seul en est capable.

Cette rencontre contre Toulouse, en pénétrant dans ce stade majestueux, je la sentais envahie de mauvaises ondes. Cela s'est hélas vérifié. Je ne sais pas comment nous nous sommes débrouillés mais nous avons réussi à perdre ce match alors que nous menions 18 à 0. Comble de malchance, après un gros choc avec moi, Gaël Fickou ne s'est pas relevé. Bilan : une entorse au genou, synonyme de deux mois d'arrêt. J'étais vraiment embêté pour lui. Nous avons pu discuter ensemble lors de la réception d'après-match et nous avons ensuite échangé quelques SMS car je tenais à prendre de ses nouvelles. Je lui ai aussi adressé via mon compte Twitter un message de solidarité en certifiant : « Je viens d'apprendre la nouvelle. Mon pote, je suis désolé. Je te souhaite le meilleur rétablissement possible. Reviens-nous vite mec. »

Que ce soit en équipe de France ou avec le RCT, on se taquine pas mal avant les classico entre le PSG et l'OM. Il m'est déjà arrivé, à l'entraînement, d'arborer un maillot floqué au nom de Zlatan Ibrahimovic, mais avec la tunique suédoise – mieux vaut être prudent... Je n'ai pas manqué devant mon écran le succès des hommes de Laurent Blanc au Vélodrome (3-2), le 5 avril. Prévoyant, je ne m'étais pas éternisé à la réception d'après-match. En effet, quelques heures plus tôt, au stade Mayol, nous avions dominé 32 à 18 les London Wasps en quarts de finale de la Coupe d'Europe. Face aux Anglais, Frédéric Michalak a été à 100 % de réussite au pied et j'ai inscrit le premier de nos deux essais, en force après une pénaltouche et une première percussion de Steffon Armitage, le tout sous les yeux de ma mère, descendue pour l'occasion. Il est tout sauf ordinaire de rejoindre les demi-finale, puis la finale après notre succès à l'arrachée face au Leinster (25-20), pour la troisième année de suite.

Je pratique ce métier pour connaître ce genre de frissons. J'adore le rugby, une passion, mais aussi un boulot. Après l'entraînement au stade Ange-Siccardi à Berg, lorsque je franchis la porte, je passe à autre chose. J'en ai besoin. Sinon, ce sport peut vite vous bouffer ! J'ai appris, avec le temps, à poser des limites, à distinguer la vie privée de la vie professionnelle. Il est rare chez moi que les univers se superposent. Je n'aime pas trop ça, ça doit venir de mon côté maniaque qui, visiblement, s'étend à tous les domaines de mon existence... Je vous avais prévenus : je suis atypique.

Remerciements

Je tiens à remercier ma famille, pour tout l'amour qu'elle me donne.

Mes « frères » Soule, Patrice, Yannick et Laury, qui ont toujours été là dans les bons comme dans les mauvais moments.

Tous ceux et celles que j'ai pu côtoyer grâce au rugby, qu'ils soient dirigeants, entraîneurs, coéquipiers et supporters. Si j'en suis là aujourd'hui, c'est grâce à chacun d'eux.

Et merci à Laurent. Plus qu'un agent, un ami, qui m'a proposé de réaliser ce projet.

Table

Préface de Jonny Wilkinson 9

1. Un Oscar au goût amer 13
2. Ma banlieue sud 31
3. Le Stade Français ou la perte de l'insouciance   53
4. Affaire d'État 69
5. Idées noires 87
6. Victime de la mode 105
7. Guadeloupe, île de la fierté 119
8. Parce que Toulon 133
9. Voyage à l'intérieur de mon cerveau 159
10. Un sentiment d'invincibilité 173
11. La Coupe du monde dans ma bulle 195

Remerciements 211

Imprimé en France par CPI
en mai 2015

*Cet ouvrage a été composé et mis en pages
par ÉTIANNE COMPOSITION
à Montrouge.*

Dépôt légal : juin 2015
N° d'édition : 54949/02
N° d'impression : 129124